JN106294

人生を豊かに生きるためのつのトリセツ

岩下敦哉 著

セルバ出版

まえがき

本書は今まで自分自身が悩んだこと、困ったこと、そしてそれらの解決策について書いています。子供の頃から心配性で引っ込み思案だった私は、人とのコミュニケーションやものごととのつき合い方が苦手で、何をやってもうまくいかず、いつもあれこれ悩んだり、困っていました。

そんなときには必ずまわりの人たちが助けてくれました。対処法をアドバイスしてくれたり、心の持ち方や行動の仕方についても教えてくれたりしました。やがて、本を読んだり、自分自身で考えたりしながらそれらを1つひとつ解決していきました。

その時々でメモに残したことが後々また自分自身の役に立ったり、友人が悩んだり、困ったりしているときにアドバイスするネタになったりしたのです。

本書は、そのメモをまとめたものです。ですから、文体も体裁もバラバラで統一されていません。はじめはきれいにまとめようと考えていましたが、そうしてしまうと、そのメモの温度やニュアンスが直接伝わらないので、敢えてそのままにしました。

そして、まとめていくと、おおむね7つの大まかなテーマに集約できたので、「トリセツ」という形でそれぞれの項目を読んでいただくようにしました。

ですから、ところどころ同じようなこと、逆に矛盾することが書いてありますが、その時々の私からのアドバイスだと思って、必要なところを読んでみてください。こまかいことは「あとがき」

に書いておきますので、後ほどお読みください。

取り上げた「ヒト、モノ、コト、心、学び、時間、人生」はそれぞれ重なり合う部分のあるテーマで、私自身今も日々悩み続けて解決できていないことも多くあります。そして、これらに正解はなく、完全な解決方法もないと思います。

でも、本書が少しでもうまくいくヒント、楽になるヒントになれば今まで1枚1枚書き連ねてきたメモたちも喜ぶと思います。

そして、あなたの人生が豊かに、楽に、楽しくなることを心から祈っています。

私は本を書くときにはいつも「未来の自分へ」「将来の子どもたちへ」「親しい友人へ」タイムマシンに乗せたメッセージとして原稿を綴っています。それは、「未来の自分はきっといきづまっているかもしれない」「将来子どもたちが大きくなったとき、直接アドバイスできないかもしれない」「今すぐに会えない親しい友人が困っていて、助けてあげられるかもしれない」と思うからです。

【未来の自分へ】本書を手に取り開いたとき、あなたはきっと何かに迷い、悩み、考えていることでしょう。「今のあなた」へ「過去の私」からなにかアドバイスできるかも知れません。あなたならきっと解決できます。大丈夫です。enjoylife!

【愛しい子どもたちへ】本書を手に取るとき、あなたたちは大きく育って、自分の足で立ち、自分の頭で考えるようになっていることでしょう。あなたたちの人生においては、これからいろいろなことが起こるでしょう。いろいろな人と出会い、いろいろな体験をし、悩み、苦しみ、そしてそれらを乗り越えて楽しく生きてほしいと思います。そのときに、直接あなたたちに1つひとつアドバイスをすることができないかも知れません。また、あなたたちが自分で解決したいと考えるかも知れません。もしよければ、そっと本書を開いて「父はこんなことを考えていたのか」とヒントを得てもらえばうれしく思います。父はいつでもあなたたちを見守っています。enjoylife!

【親しい友へ】私の小さな体験が、本書の言葉を通じてあなたのお役に立てばとてもうれしく思います。私も友人の言葉に気づかされたことがあります。何かのきっかけになれば幸いです。

enjoylife!

岩下　敦哉

２０２１年３月

人生を豊かに生きるための7つのトリセツ　目次

2章 「モノ」のトリセツ

3章 「コト」のトリセツ

4章 「心」のトリセツ

5章 「学び」のトリセツ

6章　「時間」のトリセツ

7章 「人生」のトリセツ

1章

「ヒト」のトリセツ

対人関係で疲れないように

1　人づき合いはストレス

人生で最も悩ましいものといえば…

いきなり質問です。「人生で最も悩ましいもの」は何ですか？

そして、いきなり答えです。人生で最も悩ましいもの…それは「対人関係」です。

いつの世も人は対人関係で悩み、苦しみ、昔から演劇や小説、映画の題材になっています。

でも、自分の見方やとらえ方を変えたり、気持の持ち方やかまえをちょっとだけ変えることによりとても楽になり、悩みから解放されます。

これからそんなちょっとした知恵やテクニックを伝授しますので、実践してみてください。きっと対人関係で悩むことが少なくなると思います。

対人関係はやっぱりストレス

対人関係は「ストレス」です。

とてもストレートな表現ですが、突き詰めて言えば、私たちにとって対人関係はやはり「ストレス」なのです。

あなたはこれまで、こんなことを感じたことはありませんか？

①人の目が気になる、まわりから自分がどう見られているかをつい考えてしまう。
②いつも、つい人に気を遣い疲れてしまう。こちらが気を遣っているのに相手は気づかない、なかなか伝わらない。
③自分と合わない人、嫌だなと感じる人がいる。
④相手に遠慮してなかなか自分の意見が言えない、相手から嫌われるかも知れない、仲間外れにされるかも知れない、と感じることがある。
⑤相手が思い通りに動かない、言うことをきかないのがストレスである。
⑥不本意なつき合いが多い、相手に振りまわされて困る、自分が嫌なことをさせられる。
⑦薄っぺらな人間関係、中身のない虚しいつき合い、無意味なつき合いが多くて疲れる。そしてそれをやめたいけれどやめられない。

私たちは、多かれ少なかれ、何らかの対人ストレスにさらされています。特にこの7つのことは誰もが日常的にストレスと感じていることなのですが、社会の中で生きている以上、これらを避けることはできません。

対人関係克服三原則

では、どうすればこれらのストレスから自分の心を守れるのでしょうか。

そんな相談を受けたとき、私はいつもみなさんに「対人関係克服三原則」として次の3つのポイントをお伝えしています。
①対人関係が得意な人はいないと考える。
②対人関係は自分の「心もち」次第でどうにでもできると理解する。
③対人関係を具体的な「技」「術」「テクニック」で乗り切る。
かなり単純化していますが、基本的なことはこれだけです。ではどういうことか少しお話しましょう。

人づき合いが得意な人はいない

対人関係が初めから得意という人はほとんどいません。まわりから得意だと思われている人は、対人関係を「上手にさばく」ために自分のほうの「心もち」つまり「自分の認知」を変えているのです。またそういう人は、具体的な「技」「術」「テクニック」をうまく使って対策をとり、1つひとつ解決しているのです。

ここから少し心理学的な話になりますが、単純化して考えてみましょう。

まず、対人関係は二者の関係から始まります。

つまり、「自分」と「相手」です。

そして、相手は他者つまり「他人」です。

ですから、はじめは「自分」と「他人」だけに着目して考えましょう。

〔図表１　３つの心もち〕

①「自分」と「他人」は違う。それぞれ違ってそれでいい。【自他の区別】
②自分は自分、他人は他人、他人の目にどう映ろうと関係ない。等身大、ありのままの自分でいこう。それでいい。だから自分は他人からのコントロールや影響は受けない。【他者からのコントロール】
③他人は自分の思い通りにはならない。それでいい。だから他人の言葉、心や行動をコントロールしようとしない。【他者へのコントロール】

自他の関係における３つの心もち

図表1をご覧ください。

まず、自分と他人は違うという基本的なことをはっきり認めます。その性格や考え方、行動などについて差異があるのは当然であり、「それでいい」と思いましょう。

そしてお互いに「違いを認め、違う道を歩む」ことが大切です。

次に、自他の区別がついたという前提で、「人の目を気にしない」ことです。自分が人生の主役なのですから、人に振りまわされないこと、他人の目にどう映ろうと気にしないことです。

その逆に自分も他人の言葉、心や行動をコントロールしようと思わないことです。

そう考えることができたらそれだけでもずいぶん楽になっているはずです。

そして、これらが二者の関係から三者の関係、三者の関係から集団の関係へとなっていったときも順々同じように考えていけばよいのです。
では、その3つの心もちを理解したところで、あらためて、先ほどの7つのストレスの対応策を考えてみましょう。その前に基本的なことをお伝えします。

人間関係は最初がポイント、個人情報は教えない

人とのつき合いは、最初がポイントです。新たに人間関係を築くとき、気をつけなければいけないのが、連絡先やアドレスの交換です。

アドレスや携帯番号を教えるのは、当たり前になっていますが、とても気をつけなければならないことなのです。

知り合ったばかりの相手からいきなりメールや電話が届くのはどうかと思います。

私は基本的に連絡先は教えないことにしています。連絡先はプライベートな情報です。公開する相手はしっかりと選ばなければいけません。連絡先を交換する相手を絞ることで不幸な人間関係が減っていきます。

人とのつき合いは自己責任ですので、自分なりにしっかりと判断して、つき合い方を厳選しましょう。

みんなに笑顔で挨拶するように心がける

他人とは、笑顔で挨拶するようにしましょう。

「笑顔」と「挨拶」は武器です。されて嫌な気持ちになる人はいません。嫌な感情を抱いていても一気に吹き飛ばしてくれます。自分の気持ちも爽やかに、そして穏やかになります。

2　人目が気になる（他人↓自分　意識・言動）

人の目を気にしない

人の目を気にしないことです。といっても、まわりから自分がどう見られているかをつい考えてしまってとても気になりますよね。

まずは「人の目なんて気にしない」と自分に言ってみましょう。人の目を気にしていると、「自分らしく」生きられません。そして人は自分の人生に責任を取ってくれないですから、まわりからどう見られているかなんて考えずに「自分らしく」エンジョイライフを送りましょう。

人は自分が思っているより自分のことを気にしていない

逆に言えば、まわりの人は自分が思っているより、無関心です。普段も服装や髪型、気分、置かれている状況など、深刻に受け止めてはくれません。

自分がいろいろ思い悩んでいるときでも、他人はいたって無関心で、むしろ気がついてほしい、わかってほしいと思っているときですらもほとんど関心を持ってくれないぐらいに思ってください。

人のうわさはすぐに消えてなくなる

人は何でもうわさにします。でも次々に新しいうわさに上書きされるので、すぐに消えてなくなります。あまり気にしても仕方ないので気にしないようにしましょう。

あなただからうわさになったのではなく、ただ単に「話のネタ」になっているだけなのです。

「いつも主役は自分である」と考える

人生の主役はいつも自分であると考えましょう。ステージでスポットライトを浴びている自分を想像し、人生の舞台の上で自分らしく振舞うことに専念しましょう。人は関係ありません。自分だけの演目を自分自身が納得のいくように演じればそれでいいのです。

「いい人」はやめる

「いい人」になるのはやめましょう。みんなに対して「いい人」になるのではなく、大切な人だけのために「いい人」になりましょう。いわゆる「いい人」、つまり「八方美人」になっても誰も相手にしてくれませんし、誰もハッピーにすることはできません。自分自身もつらくなり、ストレスを感じるようになります。

でも、心の奥に「人との対立や争いを避けたい」「傷つけられたくない」「うっとうしいのは嫌だ、煩わしい」「文句を言われたくない」という気持ちがみんなあるのだと思います。

自分ブランドイメージをつくる

自分のブランドイメージを意図的につくっていきましょう。自分の生き方、考え方を形や行動で相手にわかりやすく示していくことで、相手も自分もスタンス、つき合い方がわかり、お互い楽になっていきます。自分のブランドイメージを決めて、イメージをロックしてしまいましょう。そうすれば、人の目にどう映るかなんて気にならなくなります。

相手からの評価を気にしすぎない

自分の言動や行動がどう評価されるのか過剰に気にするがあまり、結果的に人間関係が嫌になり、人づき合いを避けるようになることがあります。周囲からどう見られているのかいつも気になる場合は注意しましょう。

人の言葉を深読みしない

他人の言葉の奥にある本心なんて、どれほど深読みをしようともわかりません。それは考えた時点で、すでに相手の思考ではなく、自分の思考になってしまっているのですから、本当に相手がどう思っているかなんてわかるはずがありません。

どんなに考えてもわからないものを、勝手にあれこれ考えて悩むほどムダなことはありません。相手の言葉は言った通り、額面通りに受け取っていればそれでいいのです。

3　気遣いで疲れる（自分↓他人　意識・言動）

人に気を遣いすぎないこと

いつも相手のことを想い計って人に気を遣ってばかりいて疲れてしまいますが、その必要はありません。自分のあるがまま（我がまま）にふるまえばいいのです。

また、どんなにこちらが気遣っても9割の人は、相手の気持ち、状況、身体のことなどほとんどが気づきません。

そして、人に見返りを求めないことです。こちらがこんなに気を遣っているのに何で気づかないのかつい腹が立ってしまうことがあります。それは、自分の中で気づかないうちに「相手に気づいてほしい」「相手に感謝されたい」という気持ちがあるからです。こちらの勝手な思いを相手に押しつけないようにしましょう。

いつも人に気を遣い疲れてしまう、こちらが気を遣っているのに相手は気づかない、なかなか伝わらないと感じている人は気をつけましょう。

人に気遣ってネガティブな発言をしない

会話の中で人に気遣ってついネガティブな発言をしてしまうことがあります。

心の中で「傷つきたくない」とか「嫌われたくない」と考えるあまり、「自分は○○できないので…」「私なんか○○なんで…」など自分のほうから卑屈な、あるいは謙遜した発言が多くなってしまうのです。

逆に、相手のほめ言葉を素直に受け取ることができず「自分はダメダメだから…」とネガティブな返答をしてしまうこともあります。

そういう卑屈な発言をくり返すことにより、自分自身さらにネガティブ思考に陥ってしまうことになり、「また思っていることと違うことを言ってしまったな…」とか「ほんとはそんなこと思ってないのに…」などと思ってストレスが溜まっていくのです。

ですから、人に気遣ってのネガティブな発言はやめましょう。

4　自分と合わない人・嫌な人がいる（自分⇕他人　意識・言動）

「人とは違う」「みんなそれぞれでいい」と思うようにする

自分と合わない人、嫌だなと感じる人がいるのはごくあたり前です。みんなそうです。そんなときは、「みんなそれぞれでいい、違っていい、だから楽しい、だから自分の存在価値がある、人は人、自分は自分、」と思うようにしましょう。そして単純にお互いの違いを認めることから始めましょう。

そして、自分と「すべてにおいて合う人はいない」「全人格的にぴったり合う人はいない」「他人とは部分的な関係でいいんだ」と考えると楽になります。

それぞれの役割や立場があることを理解する

人はそれぞれ、自分にも相手にも役割や立場があるので、それを背負って発言したり、行動したりします。そのことを思いはかってやると人間関係がうまくいきます。「立場が変われば言うことや態度も変わってあたりまえ」と考えると、その人の人格ではなく、役割によりそうなっているんだと理解でき、自然とストレスが減ってきます。

人を「うらやましい」と思わない

人は人、うらやましいと思わないことです。逆に相手は自分のことをうらやましく思っているかも知れません。まずは今の自分の置かれた環境を楽しむようにしましょう。

うらやましいと思う気持ちの裏には、「なんでアイツが」という妬みの感情があり、相手と比較している自分がいるのです。

「全員から好かれることはムリ」と考える

全員から好かれるのは無理です。もし一時的にできたとしてもずっとその状態を続けるのはやり無理なのです。できたとしても疲れるだけです。

そして好かれないと感じたとき、何でも人のせいにしてしまうのです。

そもそも、１人から好かれるだけでもたいへんであるのに、みんなから好かれるなんて余計に難しいことです。八方美人はやめましょう。

自分と合う人は必ずいる

自分と合う人は世の中に1人や2人は必ずいます。それでいいと考えましょう。そして、その人を大切にしましょう。

多くの人たちとの関係も大切ですが、気の合う人、たった1人の人、目の前にいる人を大切にすることも人生においては重要なことなのです。

多くの人と薄い関係を持つよりも、深いつながりを持った1人の人を大切にしましょう。

友達は3人いればいい

友達は3人いれば十分であると考えましょう。その友人たちとの深いおつき合いだけでも1年中たいへんだと思います。たくさんの人との薄い関係を続けるよりも、気の合うほんとうに「大切な友達」のことを大切にしましょう。人づき合いは流れる水、川の流れと一緒で常に流れていてそこに留まることはない、その時々で友達はどんどん変わっていい、そして一度に3人もいれば充分であると考えましょう。

嫌な人、苦手な人とは無理に関わらない

嫌な人や苦手な人とは深く関わらず、少し距離を置くことが大切です。嫌だと思いながらストレスをずっと溜めておくのはよくありません。

会う数を減らしたり、話す回数を減らしたり、関係を徐々にフェードアウトするのがおすすめの方法です。

嫌な人を細切れにする

嫌な人は「その人すべてが嫌だ」と判断せず、「この人のこういうところは嫌だな」と、言葉や行動、態度などに切り分けて判断するようにするとうまくいきます。

「人」と「言動」を切り離すと、「別の面ではいいことも言っている」と相手の違った面が見えてきて、「そこだけはＯＫ」となるかもしれません。

「こんな一面があったのか」と気づけば、その人に対する印象もまた変わってくるでしょう。相性が悪いという判断にも変化が表れるかもしれません。

また、それぞれの役割や立場があることを理解するといいと思います。

当然相手にも自分の役割や立場があるので、それらを背負って発言したり、行動したりします。ですから、こちらも十分にそのことを思いはかってやるとうまくいくのではないでしょうか。

相手の１つの側面を「全人格的」にとらえてしまうと自分もつらくなってしまいます。

5　他人に遠慮してしまう（他人↓自分　行動・アプローチ）

自分の気持ちに正直に行動する

自分の気持ちに正直に行動しましょう。どんなに言葉巧みな人でも、自分に嘘はつけないのです。自分の気持ちをいつわると、必ず心にゆがみが出てくるので、いつも自分に正直に行動しましょう。

遠慮せずに自分の意見を言うこと、そして行動すること

相手に遠慮してなかなか自分の意見が言えないことが多いかもしれませんが、相手はこちらが「遠慮していること」には全く気がつかないし、こちらが遠慮していることに対して何の感謝も感動もないのです。

だから遠慮せずに自分の意見を言ったり、行動したりしましょう。相手から嫌われるかも知れない、仲間外れにされるかも知れない、と感じることがあっても、実際相手は何とも思わないし嫌われもしないので安心してください。

アポイントは自分の都合中心でとる

アポイントは自分の都合を最優先しましょう。相手の都合で決めてしまうと、結局自分のやるべ

きことができず、時間に追われることになります。ですから、遠慮しないで自分の都合で決めてしまいましょう。

お互いの都合が悪ければ、また次の機会にすればよいのです。ただそれだけです。決して仲間はずれにはならないので安心してください。

6 相手が思うように動かない、言うことをきかない（自分↓他人　行動・アプローチ）

「相手が思い通りに動かないのはあたりまえ」と考える

相手が思い通りに動かない、言うことをきかないのがストレスであると感じたとき、「相手も自分の考えがあって行動している」「気持ちや想いもある」と考えましょう。

自分だって相手にコントロールされたくないという気持ちがあるわけですから、「お互いさま」であり、自然なことなのです。

相手が思い通り動かないと、つい不機嫌になってしまいますが、「そんなことはあたりまえ」だと考えましょう。だって「他人」なのですから。

「相手の考えや言動、行動をコントロールすることは不可能である。そんなことにテマヒマかけないで、状況に応じて自分の行動を変えていくほうが楽だ」と考えましょう。

気を遣いすぎて「おせっかい」にならないように気をつける

相手に「よかれ」と思ってしたことを相手が受け入れないと腹が立ちますが、こちらが勝手にしたことなのです。

「何でわかってもらえないの？」とつい腹を立ててしまいますが、「恋心」と似ていて、なかなか相手に思いが伝わらないものだと考えましょう。

それよりも、やりすぎて「おせっかい」にならないように気をつけましょう。

「自分が正しい」「相手のために言ってやってる」と思わないこと

経験をつんでくると、つい上からの目線になり、「自分が正しい」「相手のために言ってやってる」と思ってしまいがちです。

そして、相手がそれを受け入れないと「相手が悪い」「せっかく言ってやってるのに」と思ってしまいます。

そう考えるのではなく、できれば相手が自分からそういう行動ができるようサポートするのがよいと思います。

相手に「自分の思い通りに動いてほしい」「察してほしい」と期待するのをやめる

普通に考えれば、自分の感情すら自由にコントロールできないのに、他人を自分の意のままに動かすことは不可能だと容易にわかります。

言葉を使って、まず自分の要求や想いを伝え、それがうまく通らなかったら、「自分と相手は違うから仕方ない」とそのまま受け止めるようにしましょう。「思い通りに動いてほしい」「察してほしい」というのは「少しおこがましいこと」と思いましょう。

7　不本意なつき合いをしたくない（他人→自分　コミュニケーション）

つき合いを悪くしてもいい

つき合いを悪くしても誰も何も思いません。ただ「そういう人」と思われるだけです。こちらがつき合いたくもない人と時間を無駄にするのであれば、一瞬だけ心を奮い立たせて断りましょう。

きっぱり断る

不本意なつき合いが多い、相手に振りまわされて困る、自分が嫌なことをさせられると感じているのであれば、NOと言うこと、そして断ることです。

行きたくないところ、やりたくないこと、言いたくないことなどはきっぱり断り、相手に振りまわされないようにしましょう。

相手はこちらが断らない、つまり「NOと言わないこと」により「それはYESである」と判断していません。決してこちらが「嫌がっている」「困っている」「迷惑している」とは思っていないので、そういう人に振り回されないようにはっきりと「ＮＯ」と言いましょう。

嫌なことは「嫌」と言う

嫌なことを無理して引き受けると、自分も嫌ですし、「やらされ感」で何でも人のせいにしてしまうことになります。

そのとき一瞬だけ嫌な気持ちになってもはっきりと「嫌」と言いましょう。そうすればストレスはたまりません。

感情や行動を他人に左右されない

「感情や行動を他人に左右されたくない」と思ったら、「距離を置くこと」です。

とにかく他人と距離を置き、その場所からも離れ、「自分にとって今一番大切なことは何か」について考えることです。

そのまま関わり続けると、必ず影響を受けてしまうので気をつけましょう。私も人づきあいは嫌なほうで、「自分のやりたいようにやりたい」「ほっておいてほしい」「パーソナルの領域に入らないでほしい」と強く思いますし、「人あたり」して疲れることが多くあります。

そもそもアプローチされること自体嫌なので、人との心の距離を置いて自分の世界を守っています。

8　無意味なつき合いをしたくない（自分→他人　コミュニケーション）

人間関係はフローだと考える

薄っぺらな人間関係、中身のない虚しいつき合い、無意味なつき合いが多くて疲れる、そしてそれをやめたいけれどやめられないと思っていませんか。

人づき合いはほどほどにすること、常に見直しをすることが大切です。名刺だけの人間関係、交流会で知り合った人、ＳＮＳで出会った人などは、常に見直しをして、大切な人を見極めましょう。基本はフロー、単に数だけ増やしても空虚なだけです。それよりも1つひとつのつながりの深さを大切にしましょう。

年賀状の数を減らす

年賀状は大切なコミュニケーションでありますが、本当に必要なのはどのぐらいあるのでしょうか。年明けにすぐ会う人、いつも会っている人、よくメールや電話をする人、などの関係を十分に考えた上で減らしていきましょう。

なるべくお互いの負担や迷惑にならないようにしたいものです。そして、年賀状を出しただけで満足しないようにしましょう。

ランチは1人で行く、人とつるまない

ランチのとき、人とつき合うと、時間、場所、メニュー、金額など自分の思い通りいかないことが多くあり、そして不満が残ると気持ちがハッピーでなくなってしまいます。

自分にとってパワーをもらえて、相手にもパワーを与えられる間柄の人とだけ行くようにするとそんな不満もなくなります。

ランチは大切な時間なので、ストレスをためないように過ごしましょう。

単独行動をする

人づき合いが苦手な人は、単独行動をしましょう。

「人と関わるより1人のほうが気楽でいい」と思うのは当然のことで、休日やアフター5、趣味の時間を1人で楽しんだり、ごく親しい人とだけ過ごしている人も多いと思います。無理に人とつるまないで、1人で行動をすることを「よし」としましょう。

世界中の人に好かれようとしない

空気を読むのは大きなストレスです。いつも周囲に気を配り、浮かないように努力をしなければならないという強迫観念やプレッシャーが生み出しているのです。

つまり、人に嫌われたくないという思いが根底にあるのです。そしてその言動や行動は、しばし

ば裏目に出ることも多く、さらにストレスとなります。

結局何をやっても好かれるときは好かれるし、嫌われるときは嫌われるのです。

「全人類に好かれよう」などと大それたことを考えず、他人に媚びたりへつらったりすることのない「ありのままの自分」でいれば、自然と「ありのままの自分」を受け入れてくれる人だけが周りに残るのです。つまり、自分を偽らなくても自然体で他人とつき合うことができるので、無駄なストレスを感じることもなくなるのです。

9　社交辞令、交流会、SNS（自分⇕他人　コミュニケーション）

人間関係は量より質

人間関係は「量より質」です。

「そんなのわかってるよ」と言われるかも知れませんが、どうでしょうか。

メール、チャット、SNS、年賀状、お茶会、食事会、パーティー、つき合いランチ、買い物、映画、テレビ、ネットの話題…、本当に自分がやりたくて、楽しくて、話したくて、行きたくて、というおつき合いはどのぐらいでしょうか。

先ほど「友達は3人いればいい」とお話しましたが、極端に言えばそういうことなのです。

「相手に返事を返さなきゃ」「いいね！　しなきゃ」「一緒に行かなきゃ」…、その本当の心は「めんどくさいなぁ」「うっとうしいなぁ」「どうでもいいことだよな」「なんでこんなこと…」なのです。

毎日の生活の中でそういうことはありませんか?

ネット上にいくらたくさんの「お友達」がいても、「いつもつるんでいる友達」がいても、その中に「あなたが困っているときに自分のことを放り出してまであなたのために飛んできてくれる友達」、そして「ずっとそばについていていてくれる友達」、「世界中があなたの敵になっても味方でいてくれる友達」は何人いるのでしょうか。どうですか。

また、「人間関係には賞味期限がある」だから「多すぎる人間関係は整理する」と考えればもっと楽になります。自分の心に問いかけてみてください。そしてぜひ、質のよい人間関係をつくってください。

理想はリアルもバーチャルもゆるいつながり、そして深いつながりがいい

現実世界のつながりも、サイバーネット上のつながりも、自由で平等、そして「ゆるくて」「楽な」つながりがいいと思います。

つまりは、ストレスがない、しばられない、強制されない、○○しないということ、そして、いつでも出入り自由、お互いさま、干渉しない、コントロールしないということが大前提で、「いつでも、どこでも、誰とでも、何でも、どうでも、ご自由に…」というつながりが大切だと思います。

そして、事あるごとに語り合い、励まし合い、支え合って互いに貢献し合うという深いつながり

が素敵だと考えています。

それから、ＳＮＳ・・・。

まさに、人づき合いそのものです。

大切なことは、「自分中心で自分の好きなように、あるがままにやること」と「他人をコントロールしようとしないこと」そして「あれこれ気にしないこと」です。

ＳＮＳでよく見られることですが、フェイスブックなら、「自分のまわりに起こった幸せなこと」、インスタグラムなら、「自分のまわりの映えること」などを「みんなが」「これ見よがしに」「毎日」「次々と」アップしてきます。

これを見て、自分の境遇や生活と比べて一喜一憂、というより、「イラつき」、「むかつき」、「嫉妬の嵐」となることが多いのではないでしょうか。

アップする方は、それまで他の人のものを見て「今度は自分も」という単純な気持ちなのだと思います。結局はその連鎖で、「うらやましいなぁ」「いつかは自分も…」という心理が次々と働いているだけなのです。そして本来と違う意味の「いいね！」などの数に一喜一憂しているだけなのです。

結局は、「他人と比べることによって自分の位置を確認する」ことに振り回されているのです。

そうは言っても「ＳＮＳは基本的に自由」なのですから、「人の幸せや喜びは今自分がどんな状態でも、素直に一緒に喜んでやること」、「つらいときには同情ではなく共感してやること」、「気持ちに寄り添ってやること、話を聴いてやること」が究極奥義だと思います。

2章

「モノ」のトリセツ

モノに振りまわされない人生のために

1　「モノ」とのつき合いで誰もが困っていること

「モノ」とのつき合いで困っていること

あなたは、「モノ」とのつき合いで、図表1のようなことを感じたことはありませんか？

この中のこと、いくつも当てはまりませんか？

きっとみんなそうです。もちろん私もそうです。

これらのことに当てはまった人は、この先を読み進めてください。

2　整理と片づけ

「整理と片づけ」のゴール・目的

では、具体的な話に入る前に、何のために整理や片づけをするのかについて、少し考えてみましょう。

まずは、整理や片づけをすると、雑然としていたモノが文字通りわかりやすく整理され、片づいて「頭と心がスッキリ」します。

それと同時に、雑然としていた状態に対してモヤモヤしていたものがなくなり、気持ちが楽になっ

〔図表１　モノとのつき合いで困っていること〕

①モノが増えて困る。
②モノが多くて部屋や家が片づかない。
③もったいなくてモノがなかなか捨てられない。
④モノの収納場所が足りない。
⑤使っていないモノが多い。
⑥使いたいときにモノが見つからない。
⑦同じモノをたくさん買ってしまう。
⑧使いこなせていないモノがたくさんある。
⑨使ったモノが元の場所に戻せない。
⑩部屋が汚い。

〔図表２　何のために整理や片づけをするのか？〕

Q1.　「整理と片づけ」の対象は何でしょう？
A1.　言うまでもなく、「整理と片づけ」の対象は『モノ』です。

Q2.　では、モノは何のために持つのでしょうか？
A2.　その答えは「モノは使うためにあり、使うことによって何かをなすために持つのである」ということです。

Q3.　ではあらためて、何のために整理や片づけをするのでしょうか？
A3.　それは、「いつでもモノを使いやすいようにしておくため」です。

Q4.　さて次に、整理と片づけをするとどんな効果や効能があるのでしょうか。
A4.　それは、次の3つです。
①頭と心がスッキリする。
②気持ちが楽になる。
③人生をクリエイティブに楽しめる。

てきます。

そして、「いつでも使いやすいようになったモノ」を使って何かを成し遂げ、人生をクリエイティブに楽しめます。

これが、「整理と片づけ」の効果・効能です。

整理と片づけの5つのキーワード
―「選んで」「しまって」「使って」「戻して」「掃除する」―

世の中では、新聞、雑誌、テレビの特集、ムック本、書籍、ブログ、インターネットにいたるまで、その話題で持ちきりです。

なぜなのでしょう。それは、「みんなが苦手だから」です。整理や片づけが得意な人はいません。もちろん、私もそうです。

では、どうすればいいのでしょうか。私は、「選んで」「しまって」「使って」「戻して」「掃除する」の5つのキーワードでのり切りました。

これを言いかえると、「整理（選別）」「収納（格納）」「使用（利用）」「片づけ（整頓）」「掃除（メンテナンス）」です。

『整理・片づけ』のコツは、「選んで」「しまって」「使って」「戻して」「掃除する」という単純なことを、簡単な「技」や「テクニック」を使いながら、1つひとつ実行していき、最終的には「それぞれの『行動を習慣化』していくこと」です。これが、『究極奥義』です。たったこれだけです。

3 「選ぶ」(選別・整理・捨てる)

「整理（選別）」

整理ということについて、入り口部分での考え方として3つの「心がまえ」があります。

①すべてのモノは「フロー」であると考える。
②使わないモノ、不要なモノは持たない。
③持ちものはすべて「お気に入り」にする。

モノはまず入り口で厳選することが大切です。

世の中では、「断捨離」「ミニマリスト」「ときめき」など、モノを減らしたり、厳選したりする行動や習慣、生き方が流行しています。それぞれによいところがあり、専門家として、あるいはライフスタイルとしてその道に進んでいく人も多くなりました。

私の場合はそこまで徹底した形ではなく、それらのいい部分を「つまみ食い」の形で緩やかに実行しています。

なぜなら、基本的に『モノは「何を持っているか」ではなく、「それを使って何をするか」が大切である』と考えており、「モノの数やモノに対する強いこだわり」についてはあまり頓着しないようにしているからです。

そして、その「モノ」との関わり方の流れが「整理や片づけ」であり、またその入り口が「整理（選別）」なのです。

すべてのモノは「フロー」である

まずは、最初の心がまえ「すべてのモノは『フロー』であると考える」ですが、整理は「出口のないバケツ」ではなく「出口のある蛇口」のイメージですることが大切です。

バケツをイメージしてみてください。バケツに水を入れていくと、だんだん溜まっていき、いずれ一杯になります。

これが「ストック」の状態です。それ以上水を入れ続けるとあふれ出して「オーバーフロー」の状態になります。

これをもし「モノ」にあてはめると、部屋や家がモノであふれ返り、収拾がつかない状態になります。

でも、ストックしないで、「出口のないバケツ」を「出口のある蛇口」に変えてみたらどうでしょう。

蛇口から水を外に流せば、満水になることはありません。ですから、いつでも水が流れている状態、すなわち『フロー』状態にしておけば解決するのです。

この単純な理屈を理解するだけで、多くのことが解決します。

ただし、１つ落とし穴があります。それは・・・。

蛇口から出せる水の量より多くの水を流し入れないことです。いくら蛇口から水を出すことができても、その量以上に多くの水が流入したとしたら、当然のこととして、いつか水はあふれ出してしまいます。

実はこんな当たり前のことになかなか気づかないのです。

使わないモノ、不要なモノは持たない

次に「使わないモノ、不要なモノは持たない」という原則です。

モノは何かを成し遂げるために持つのですから、使わないモノや不要なモノは持たないようにします。

でも、これもなかなか実行できません。

「いつか使うから…」「まだ使えるから…」「想い出の品だから…」「記念だから…」「もったいないから…」「かわいいから…」という敵がすぐにあらわれます。

逆に、これができたら「向かうところ敵なし」となります。

また、いらないモノを持てば、人生の中でそれに関わる時間、労力が分散してしまうので、なるべくいらないモノは持たないようにしましょう。

そして、すっきりとした生活や人生を送りましょう。

持ちものはすべて「お気に入り」にする

そして最後に「持ちものはすべて『お気に入り』にする」という原則です。

使うモノ、必要なモノを選ぶときにさらに「お気に入り」という概念を取り入れましょう。「好み」や「こだわり」、「人生観」などと照らし合わせて、「お気に入り」のモノを持つようにしましょう。

そうすると、たくさんのモノを持たなくても満足することができます。満足することによって「2番手以降」はいらなくなります。そのことによって、結果的にモノを減らすことにつながります。

また、身のまわりのもの、持ち物はすべて自分で選び、気に入ったものを使うことによって、長く大切に使うようになり、愛着もわいてきて、自分ブランドをつくるのにとても大切な要素になります。

「よいもの」を使う

高価なもの、高級なものということではなく、質の「よいもの」を使うようにしましょう。

長く大切に使うためには、品質のよいもの、きちんとしたものを使っていくことがポイントです。

「バターをのこぎりで切らない」適切な道具を使う

「バターをのこぎりで切らない」といわれるように、そのことに合った適切な道具を使いましょう。

過剰品質のモノ、機能がありすぎて使いこなせないモノ、手に余るモノは必要ありません。

2番手以下のものはいらない

同じ機能のモノか2つ以上あると、そのモノに関わる時間が少なくなってしまい、また、自分の気持ちも分散してしまうので、2番手以下のモノは持たないようにしましょう。

身銭を切ってモノを買う

モノは自分で身銭を切って買うことによって、大切に使うようになります。タダでもらったモノ、支給されたモノではなく、自分で選び、身銭を切って納得のいくモノを使うようにしましょう。

トレードマークとなるようなモノ・道具を持つ

自分のトレードマークになるようなモノを使うと、やがてそれに合ったキャラクターになるので、モノを選ぶときには、自分のトレードマークを意識して選ぶようにしましょう。

4 「しまう」(収納・格納)

「収納（格納）」

次に、入り口部分で「十分に選んだ」一軍のモノたちを使うために収納（格納）します。

ここで大切なのは、

①取り出しやすい、使いやすい収納をすること。
②使う場所に近い、面倒くさくない収納場所を決めること。
③最終的な収納場所、モノの居場所をつくること。

の3つです。

取り出しやすい、使いやすい収納をすること

まず、「取り出しやすい、使いやすい収納をすること」ですが、モノを使うときのことを想像してみてください。

たとえばメモをとるための「ペン」。これがもし、「机の引き出しの奥の箱の中にしまった筆入れ」に入れてあったらどうでしょうか。すぐにメモを取りたいのに、取り出しにくく、使いにくい状況だったら、「まあいいか、やめよう」となったり、メモする内容を忘れてしまったりします。

使う場所に近い、面倒くさくない収納場所を決めること

次に、「使う場所に近い、面倒くさくない収納場所を決めること」ですが、たとえば掃除機が、「家のいちばん端の納戸の奥にある積み上げられた重たい木の箱」に入っていたらどうでしょうか。「掃除するの、やめようかな」「出すのが面倒くさいな」となりませんか。

最終的な収納場所、モノの居場所をつくること

そして最後に、「最終的な収納場所、モノの居場所をつくること」です。

収納場所が決まっていないと、「あれはどこだったっけなぁ」「どこに置いたかなぁ」「見つからないなぁ」ということになります。

これらのことができるようになると、モノが「いつでも使える」ようになります。

5　「使う」（使用・利用・使い方・使い切る）

「使用（利用）」

いよいよメインの「使う」ということについて考えます。

①モノは使わないともったいない。

②モノはどんどん使う。

③モノは使い切る。

単純なことですが、最初の「すべてのモノは『フロー』であると考える」という原則に従い、どんどん使って、使い切る、それが「モノを活かす（生かす）」ということです。

「高価だったから」「滅多に手に入らない貴重なモノだから」「大切な人からのいただきものだから」などと「使い始めること」自体に抵抗があっても、思い切って一度使ってみましょう。

「もったいない」とは仏教用語

「もったいない」とは仏教用語で「勿体ない」つまり、「物体があるべき姿で使われていない様子」をあらわし、本来のそのモノの価値が活かされていない状態を指しています。「宝の持ち腐れ」「デッドストック」ということになります。

ですから、本来モノが持っている価値、すなわちモノの命を活かし、どんどん使ってやって、命を全うさせてやる、つまり、使い切ってやるというのがベストだと思います。

使いたいときにそこになければ「ない」のと一緒

モノはそれを使って何かの目的を成し遂げるために使う「道具」なのです。ですから、使いたいときにそこになければ「ない」のと一緒です。

「ない」「見つからない」「使えない」「用が足りない」ということがないようにしましょう。

道具は「自分の身体の一部」となるようにする

道具は何かをするために使うモノなので、「自分の身体の一部」となるようにしましょう。そして便利に使い、生産性を上げ、使う人のゴール・目的を果たすために使いこなしましょう。

武士、大工さん、料理人、画家、演奏家などその道の専門家は道具を自分の体の一部となるまで毎日使いこなし、しかも綺麗に使っているのです。

6　「戻す」（片づけ・整頓）

「片づけ（整頓）」

次は、片づけ（整頓）です。

言葉で説明すると、「一度使ったモノを再び元の場所に戻し、次にいつでも使えるように整えておく」ということですが、とても耳の痛い言葉です。

では、どうすればうまくいくのでしょうか。

①必ず定位置に戻す（必ず戻す）。

②居合い抜きの要領で使ったらすぐに戻す（すぐ戻す）。

③戻しやすいように場所や配置を工夫する（戻しやすく）。

私が実践しているのは、このようなことです。

先ほども述べたように、「モノは使うためにあり、使うことによって何かをなすためのものである」つまり、使いたいときにそこになければ「ない」のと一緒であるので、いつもあるべきところ「定位置」に置いておくようにします。

モノの「最終定位置」を決めてしまえば、そのモノの整頓は二度としなくてよいのです。

次に、１つの作業が終わったら、居合い抜きのように元の場所にきれいに戻しておき、そのあとに新たな作業を始めれば、間違いが起こる余地がなくなります。

最後に、使ったモノを戻すとき、収納場所を「簡単に戻しやすい場所」「テマヒマがかからない収納方法」「一目で戻すところがわかるようにしておく」など工夫をすると、戻すこと自体を行いやすく、習慣になりやすくなります。

そして、モノ・道具はいつでも使えるように、「いつも同じところにある」ようにすることが大切です。

7 「掃除する」(メンテナンス・管理・習慣化)

「掃除(メンテナンス)」

最後、5つ目は、掃除(メンテナンス)です。

最近、「汚部屋」「ゴミ屋敷」「生前整理」「老前整理」などという言葉がよく聞かれますが、モノがオーバーフローし、コントロールできない状態になるケースが多くなってきたのではないでしょうか。

結局、モノを片づけないと掃除がしにくいので、ますます汚くなるという負のスパイラルに陥るのです。

先の4つのことを実践していくと、あまりひどい状況にはならないと思いますが、「モノ自体」や「モノを使っていくシステム」を常に維持・メンテナンスし、デスク周り、部屋、家、環境、システムをきれいに掃除しておくことが、ゴールである「モノは使うためにあり、使うことによって何かをなすものである」という大原則を実現することにつながります。

道具はメンテナンスを大切に、できるだけメンテナンスフリーのモノを選ぶ

また、モノ自体、道具として使うモノのメンテナンスが大切です。使うときに使えなければ意味がないので、きちんとメンテナンスしましょう。道具は常にメンテナンスし、アクティブな状態にしておきます。自分でやってもいいですし、専門家に任せてもいいと思います。

そしてメンテナンスにテマヒマかからないもの、できればメンテナンスフリーの道具が理想的です。道具は「使うこと」「使って何かをすること」が大事で、メンテナンスすることが目的ではないので、できればメンテナンスフリーの道具を使いましょう。

たとえば時計なら、ソーラー電波時計を使うとほとんどメンテナンスしなくて済みます。私の場合、楽器や万年筆などの筆記具などもそういうことを意識しています。

そして、使いたいときにいつでも使えるように常に「使える状態」にしておきましょう。

行動化・習慣化しなければ元の木阿弥

これらのことも続けていかなければ、元の木阿弥です。

整理と片づけを行動や習慣にするために、参考になることを魔法の言葉『エンジョイハックス』の中からいくつか紹介します。参考になるものがあったら実践してみてください。

①片づけが最終目的ではない

「片づけること」が最終目的ではないので、あまり細かいことにこだわらず、どんどん片づけて

いこう。

②片づけは場所と時間を決めておこなう

片づけは「ここだけ」「5分だけ」など片づける場所と時間を小さく限定するとうまくいくことが多い。

③「あとで整理」はなし、そのとき、その場でやる

「あとで整理」するから「とりあえず」・・・は絶対にしない。そのとき、その場で片づける。

④気がついたときにすぐやる

気がついたときにやってしまうとすぐ終わるし、忘れることもない。ラッキーだと思ってすぐに片づけてしまおう。

⑤3分あったら片づけをする

3分時間ができたら、片づけをする。その3分の片づけがそれ以上の効率アップにつながる。

⑥片づけをなるべく早く済ませるには

片づけをなるべく早く済ませるには「見えるところ、目についたところから片づける」「片っ端から片づける」「いつでも時間ができたときに片づける」とよい。

⑦整理するサイクルを自分で決める

たとえば、「毎日4時」「毎週金曜日」「毎月20日」「毎年12月」など、「整理する日」を決めておき、必ずそのときにやるとうまくいきやすい。リマインダーをつけておくともっとうまくいく。

長続きさせるための5つの心がまえ

整理と片づけを長く続けるためには、あまり肩ひじを張らないほうがうまくいきます。長続きさせるための心がまえとして、

①片づけ自体が目的ではない。モノを使って何かを成し遂げることが目的。
②「完璧な片づけ」は不要。だいたいでいい。
③モノは一度に片づけようとしない。少しずつでいい。
④片づけは場所と時間を決めて行う。そこだけ、何分だけ。
⑤「きれいに片づけること」がゴールではない。使いやすくしておく。

ということを意識しています。

8　伽藍堂（目指すゴール）

私の覚悟、「目指す理想は伽藍堂（がらんどう）」

「整理と片づけ」を実行するときに、大袈裟ですが、次の３つのことを覚悟しています。

①「選ぶ」ということは「他を捨てる」こと。
②「片づけ」とは、今までの自分に「カタをつける」こと。
③目指す理想は「がらんどう」

「伽藍堂（がらんどう）」とは「すべてが整理され、集中できる場所」のことです。そういう状態になるともうモノに惑わされない、振り回されない、自分が中心となります。

これらは、ある意味「修行」のような側面があり、最終的に到達する「悟りの境地」のようなものではないかと思います。

私はこのほかに、いくつかの「悟りの境地」をいつも求めて努力しています。

その1つ目は、「何もしない時間」です。これは「コトから解放される」ということで、あわただしく流れる時間の中で、あえて何もしない時間をつくり、その「何もしない」ということを十分に、存分に楽しむのです。まさに「至福のとき」「贅沢なひととき」なのです。

2つ目に「誰もいない場所」です。「自分の部屋」でも「散歩の途中」でも「どこかの個室」でもいいのですが、「ヒトから解放される」ことを楽しみ自分を取りもどしています。

さらには「何も考えない頭（情報から解放）」「何もとらわれない心（自分から解放）」があります。ですから、これまで書いてきたことのベースにこういう考え方があると理解していただければと思います。

世の中には、整理・片づけについての本や情報が、いろいろあふれています。

本やさまざまな情報に接するときには、「どんな情報なのかな」「どんなことを言っているのかな」と自分なりの観点で峻別してみてください。

そして、あくまでも「自分本位の整理と片づけ」を意識してください。正解は1つではありません。

3章

「コト」のトリセツ

やることが多くてパニックにならないように

自分を見失わない、自分中心でコトを進める、忙殺されないために

一口に「コト」と言っても、イメージしにくいと思いますが、「自分でやるコト」「ヒトとやるコト」そしてそれらを全体的に統括するための「ダンドリ」、事前に行う「リスクマネジメント」と事後に行う「トラブルシューティング」のことだと思ってください。

こんなことを感じたことはありませんか。

①やるコトが多すぎる。
②いつも時間が足りない。
③やるコトをつい先延ばししてしまう。
④自分にとって意味のないコトが多すぎる。
⑤気になるコト、頭と心の雑音が多い。
⑥二度手間が多い。
⑦時間がなくて焦ってしまうことが多い。
⑧やりたくないコトが多い。
⑨ついムダなコトをしてしまう。
⑩気がついたら締切期限間際になっている。
⑪あれこれ考えてしまってなかなか取りかかれない。
⑫使うときにモノや道具が見つからない。

⑬途中で作業のスピードや効率が下がる。
⑭時間泥棒が多く、邪魔される。
⑮アポイントが断れない。
⑯ダンドリが下手である。
⑰いつもあせる、あわてる、パニックになる。
⑱いつもゆとりがない。

1　タスク（自分でやること）

「自分でやるコト」タスクのさばき方（夏休みの宿題）

「タスク」とは「自分との約束」です。

どういうことかというと、「夏休みの宿題」を思い浮かべてみてください。お天気表、漢字練習帳、計算ドリル、絵日記、朝顔の観察、読書感想文、「夏休みの想い出」作文、自由研究など多くの宿題・課題があり、自分でいつ、何を、どのくらいやるのかを決めて取り掛かるものです（親が決めてしまう場合もあるかもしれません）。

夏休み中であればいつやってもいいのですが、９月１日という提出日が決まっていて、８月31日にあわてて間に合わせる人もいます。

このようにある程度自分の裁量で動かすことはできますが、いくつかの種類やある程度の量があり、納期が決まっているので、いつ、何を、どれだけやるかを自分で決め、「自分との約束」として夏休みの予定表などでコントロールするのが「タスク」です。

いつも時間に追われている人は、このタスクのさばき方が苦手なタイプでしょう。

実はこの「自分で決める」というのがとてもやっかいなのです。

タスクのタイムロック

「タスク」の厄介なところは、大部分を自分で決めることができることです。夏休みの宿題と同じです。課題と提出日は決められていますが、「いつやってもいい」「どのぐらいのできばえでやってもいい」という「ゆるい」しばりなので、ついつい先延ばしになってしまいがちです。いわば『自分との約束なので「反故」になりやすい』という性質をもっています。

どういうことかというと、タスクは「自分との約束」なので、つい「先延ばしぐせ」や「さぼりぐせ」が起こります。なぜなら強制力、つまり言ってくれる人がいないからです。また何をどのぐらいすればよいのかわからず、タスクも一度に終わらないので、何となくやる気が起こらず、手をつけなくなってしまいがちです。そしてやろうと思ったときに、自分の中で「まだ時間はたっぷりあるので、あとでもいいや」という気持ちになってしまいます。

これを防ぐには、その「自分との約束」を「目に見える形でタイムロックをかけてしまう」しかありません。

そこで、簡単な3ステップで「タスク」をさばくコツ・方法をお教えします。

①まず、３つのラインを決めます。

３つのラインとは「スタートライン」「(マイ）エンドライン」「デットライン」です。

スタートラインはそのタスクをいつから手をつけるかを指します。少し眺めるだけでもいいので、「手に取る」という行動をする日を決めます。

そして、(マイ）エンドラインは、いつまでに形にするかを決めてしまいます。音楽の拍と一緒でこの2つの点が決まるとテンポと拍子とリズムが生まれてきます。

最後にデッドラインは、提出日前日です。ここまでに修正も含めて完成しているというラインです。

この３つのラインを決めたらすぐに青色ボールペンで手帳に書き込みます。

②次にタスクをよく見て、「一口サイズ」にカットします（サラミアプローチ、鯨を食べる方法)。

そのままでは、手におえないタスクですが、量や質をよく考えて「小さく」「手におえる」タスクに切り分けてしまいます。それをタスクリストに順番にならべて、先のスタートラインからデッドラインまでの間の期間で手帳にそれぞれ書き込んでいきます。他のスケジュールと見比べながらだいたいの形でよいので、手帳に青色のボールペンでどんどん書きこんでしまいます。

③そして最後に、手帳に書いてある「タスクの日」が来たら、朝一番で手をつけます。

大切なのは、あれこれ考えず、その日が来たら必ず手をつけるということです。やり始めると、思ったよりできてしまうもので、あっという間に終わってしまうこともあります。とにかくやることです。

もしほかの予定との関係や作業の進行状況で終わらなければ、残った分を次のタスクの日までの間にスケジュールとして手帳にすぐ書き込みます。

ただこれだけのことなのですが、実践してみると、「夏休みの8月31日問題」はかなりの確率で解決されます。

このほか具体的な「タスク」のさばき方にはいろいろなものがあります。その性質に合わせて仕組みをつくって乗り切る方法をご紹介します。

やること（相手の数）を減らし、すっきりさせる

結論から言えば、「全体の時間は決まっているのだからやることのほうを減らせばよい」のです。つまり「やらないこと」を決めて「やること」を減らす、覚悟をもって「決めること」です。

全体的な説明としては「自分や相手とのゴールが共有できていて、作業全体のやることが見えていて、それに対するダンドリ、準備ができていれば、自然と何をやり、何をやめるか、必要十分なタスクが見えてきます。要はそれを順に淡々とこなしていけばよいのです。そうすれば、やるべきことだけが手元に残り、やらなくてよいことはやらなくなるので、時間がムダに使われることはあ

りません」という説明になります。

これではまわりくどいので、今述べたことを「目的地までの移動」に置き換えてみます。

Ⓐどこへ行くか、つまり目的地がわかっていること。

あたりまえだと思うかも知れませんが、作業をすすめるとき、そこをあいまいにしてはじめてしまう人が多いのです。

Ⓑ次に地図で現在地と目的地の位置関係がわかっていること。

目的地はわかっていても、今自分がいる場所からの距離や方角、地形などがわかっていないと、どんな交通手段で行くのか、どのくらい時間をかけるか、どのくらいのコストがかかるかなどがわかりません。空から地図を俯瞰するように作業全体を見渡すことが大切です。

Ⓒそして、どうやっていくのか、ということを考えます。

電車なのか、飛行機なのか、自動車なのか、かかる時間やコスト、体力などを考えつつ、どうするかを決めていきます。そのためのチケット手配や宿の予約、時刻表や料金表などもチェックが必要です。

このように、あらかじめゴールと全体像をとらえて考えておけば、自然とやること、持ち物、準備が見えてきます。そして「やるべきこと」「やらなくてよいこと」を判断することができます。そのうえで「やること」を最小限にすれば、時間をムダなく使っていくことができるようになります。

「やることを減らす」にはまずここをおさえておかなければいけません。何でもかんでもやみくもに「タスク」を減らしていったのでは、決して「ゴール」にはたどりつけません。
前提としてそれだけ理解したら実践にはいりたいと思います。

タスクを減らす具体的な手順

では、実際に私がやっている日常のワークの中の具体的な手順をお話します。

Ⓐ「タスクの洗い出し」　様々な形で入ってくるタスクをすべて書き出す（一元化）。

Ⓑ「タスクの選別」　ゴールを確認し、自分のリソースと照らしながら「やること」「やらないこと」を決める。

Ⓒ「タスクリストの作成」　重要性や期日を見ながらタスクリストを作成する。

という3つの手順ですすめていきます。

少し細かく説明すると、まずは、「タスクの洗い出し」です。私たちの「ワーク」の中では常に「タスク」が流入してきます。形は大小様々ですが、書類、メール、電話、ファックス、郵便、メモ、口頭などの形で入ってきます。私はすべてA4の紙にしてしまいます。

書類はA4が多いのですが、大きさが違えばA4にコピーして大きさをそろえます。メールはプリントアウト、電話、メモ、口頭のものはA4の紙にメモ用紙をステープラーで固定します。

それを1件1葉、つまり1件ずつ別の紙を使って書き込み、タスクを洗い出します。そして中身が見えるようクリアファイルに1件ずつはさみ込んでおきます。

これで前段階の準備は終わりです。

次に、タスクを選別します。１件ずつそのタスクのゴール（目的や品質、納期、諸条件など）を確認し、「やらないこと」「他の人や部署にまかせること」「やること」を決断します。このときついでに納期やアポイントのところにマーカーをひいたり、ポストイットで注意メモをつけたりして、二度手間を省きます。

そして最後に、タスクリストの作成です。重要性や期日を見ながらエクセルに簡単なタスクリストを作成します。エクセルで作成すると、途中につけ加えたり、並び替えができるので私はこれを使っています。

これだけでやることが大きく減ります。

やらないことを決める

特に大切なのは、『やらないこと』を決めること」と『他の人や部署にまかせること』を素早く決断すること」です。依頼や調査などの厚い書類でも、自分は対象外だったり、不要だったりして「やらない」と決めれば即座に目の前からなくなるものがあります。あるいは、誰かに依頼しないとできないものは、なるべく早く相手に渡して自分の手もとからタスクを消してしまうようにすると、すっきりします。

ここで大切なのは、一度手に取った書類を二度見ないことです。一度目を通して「ああ、こんな感じか」と机に置いてしまうではなく、「やること」「やらないこと」「他の人や部署にまかせること」を即断即決し、次の流れにのせてしまいましょう。二度も書類に目を通す時間が大きなロスタイムになります。

また、「5分以内に終わるタスク」「考えなくてもすぐできて終わってしまうタスク」はリスト化するまでもなく、その場で終えてしまい、永久に忘れてしまいましょう。また、相手するタスクの数が減るので精神的にも楽になります。

そのほか「慣習」「慣例」「形式的」「重複」「不要」「過剰」「目的外」のタスクはやめるようにしましょう。

こうして「やる」と決めたことだけを手もとに残します。

やることを先延ばしせず、すぐ取りかかる

やることを先延ばしせず、すぐ取りかかるために私がしているのは、「手帳のとおりに行動し始める」という仕組みです。

ほとんどの人は、手帳には「アポイント」だけを書き込んでいますが、私はこの「人との約束」である「アポイント」を赤色ボールペンで、「自分との約束」である「タスク」を青色ボールペンで書き込んでいます。このほか、職場全体の行事を黒色ボールペン、家族やプライベートの用事を緑色ボールペンで書いています。

先のタスクリストの案件をいつやるか決めて、自分との約束として手帳にタイムロックをかけてしまいます。あらかじめ予定されていることなので、時間がきたら「自働的に」始めればよいのです。会議や打ち合わせと一緒です。たったこれだけのことなのですが、うまくいきます。

そのとき「先延ばしぐせ」が出ないように注意しなければならないのは、「今すぐ動くこと」「小さく動くこと」「気持ちを楽に持つこと」です。これさえ気をつければ、手帳の予定にそってタスクをすすめることができ、あっという間に終わってしまいます。

逆に言えば、手帳にタスクを書くときに「プレッシャーにならないような小さなタスクに切りわけて、すぐできそうな形にしてから書き込むようにする」ということが肝要です。

「そんなことは誰にでもわかっている」と言われそうですが、なかなかできないのも事実です。

ではなぜ「先延ばし」してしまうのでしょうか。

先延ばしの原因

おもな原因は「ゴールが見えていない」「どうすればよいか道すじがわからない」「なんとなく気が乗らない」「タスクが見えてないから不安」「そのこと自体が嫌い」という5つのことです。

対処法は「途中でやめてもよいのでまず少しだけ動く」「手におえる大きさ・形にしてしまう（サラミアプローチ）」「いつやるかやる日を決めて手帳に書く」「朝、1日のはじめにやってしまう」「苦手意識を持たない（そんなものだと思う）」「下調べをする（見えないから不安、実体が見えればお化けも怖くない)」「ルーチンワークは時間割法で考えずに作業を始められる(毎日決まった時間になったら始める習慣)」というのが効果的です。

そして先延ばしせずにすぐとりかかると「早く始めればそれだけ早く進み、早く終わる」「トラブルに対応しやすい」「気持ちが楽になる」という大きな3つのメリットがあります。

「先延ばし」は時間の借金です。ものごとを先延ばししても、いずれはやらなければなりません。今できることを後回しにするのは時間を借金しているのと同じです。時間が進むにつれ、どんどんやることが増えていき、ゆとりがなくなるので、利息が雪だるま式に増えていくように精神的な負荷がどんどん増えていきます。そして結局デッドラインになってクオリティの低い仕事をアウトプットすることになります。それならできるだけ早くやってしまいましょう。

また、ものごとを後回しにしても、結局かかる時間は同じです。そしていずれはやらなければならないのです。それならば、手持ちの作業を1つでも減らして身軽になってしまいましょう。

精神的なプレッシャーからも解放され、楽に生きられます。そして「後ろめたさ」からも解放されます。

頭と心の雑音を減らしてすっきりさせる

せっかく先延ばしをせず始めることができて作業状態に入っても、「やっているけど遅い」という状態におちいることがあります。気になることに頭や心が向いてしまったり、あれこれと考えているうちに集中できなくなり、ムラができ効率が下がるのです。

「頭と心の雑音」とは、簡単に言うと「気になること」のことです。

私がよく気になるのは「頭や心の中にわいてくるもやもやした考え」「いずれやらなければいけないのにまだやっていないこと」「よくわからないこと、わかりたいこと」「この先の予定」「約束の時間」などです。

「頭や心の中にわいてくるもやもやした考え」は紙に書き出して目に見えるようにします。つまり「顕在化」するのです。

人間は常にいろいろなことを考えています。外からの刺激や体内の感覚などをきっかけにつぎつぎと考えがわいてくるのです。

普段はどんどん「浮かんでは消え、浮かんでは消え」と流してしまえるのですが、少しでも気になったり引っかかったりすると、頭の中でリピート、リフレインしているうちにだんだん増殖、増大し大きくなっていきます。特に不安や心配なことであるとなおさらです。よく「不安には実体がない、お化けのようなものだ」と言いますが、そのとおりで、これらのもやもやした考えにはほとんど実体がないのです。

もし大きくなって消えないもやもやがあったら、紙に書き出して間接的に実体を見てしまいましょう。顕在化することにより、「なんだ、たいしたことない」「どうでもよいことだ」と思って昇華できることが多いのです。

もしできないのであれば、「解決すべき課題」として「タスク化」してしまいましょう。

いずれにしても紙に書き出すことです。そのためには「メモ」と「ペン」をいつでも手に届くところに常備しておきましょう。ポケット、カバン、デスク、テーブル、玄関、トイレ、キッチン、洗面所、テレビ台、電話台、寝室、居間など。

次に、「いずれやらなければいけないのにまだやっていないこと」です。これはとても気になります。なぜなら先延ばししている「罪悪感」と「プレッシャー」があるからです。「どんなに言葉巧みな詐欺師でも自分に嘘はつけません」。

いつも頭にこびりついていて、時には形を変えて夢にまで出てくることもあります。決してなくなることはありませんし、消えることもないのでやっかいです。

これを解決するには「タスクリストに入れてしまって終わらせる」しかないのです。ある意味簡単なことなのですが、日常的に先延ばししてしまっていつまでも「もやもやしたままの案件」が多いのではないでしょうか。

そして「よくわからないこと、わかりたいこと」は「今すぐわからなくてもよいのだけれど…」ということで先延ばししがちですが、人間の根幹にある「好奇心」に基づくものなので、もやもやしたまま決して消えることがありません。「わからない」ということだけでも「もやもやしている」ところに「わかりたい」という気持ちが加わるので、先に延ばせば延ばすほど「やっぱりわかりたい」という気持ちが大きくなります。

それであれば、今すぐ調べてすっきりしてしまいましょう。

私は子どもの頃からこういうときには図書館や本屋に行って調べていました。「明日までには絶対わかっていたい」という気持ちで即行動しました。今はインターネットでも簡易的に調べることができるので、より簡単に解決できます。ですからすぐに調べて解決してしまいましょう。ただし情報が「玉石混交」ですのでくれぐれも注意しましょう。

「この先の予定」と「約束の時間」

そして別の意味で気になるのが「この先の予定」と「約束の時間」です。

この2つは「忘れてはいけない」ということで頭の片すみにいつも居すわるものです。

対処法は簡単で、手帳や時計などの「時間ツール」にまかせるということです。「いつ何があってどうする」といったことをいちいちすべて記憶していたら、頭のキャパシティがいくらあっても足りません。すべて1冊の手帳に書き込んでしまい、時計やアラーム、タイマーなどのリマインダーを使って、その時刻や時間をコントロールしましょう。そのために紙の手帳に一元化することが大切です。

いずれにしても、これら「時間ツール」にまかせて「その日、そのとき」まで頭や心の中をすっきりさせてしまいましょう。

あわせてデスクまわりもすっきりさせておくと効果的です。

「タスク」を自働化、習慣化し、あれこれ考えなくてもすぐに取りかかれるようにする

とにかく取りかかるまでの時間を短くし、素早いスタートを切るには「考えないこと」です。私は考えなくてもよいほど簡単な仕組みを使って「タスク」をさばいています。道具もどこにでもあるものなのですぐに始められます。一度ためしてみてください。

用意するものは、

Ⓐ1日から31日までのラベルを貼った31枚のクリアファイル。
Ⓑ4月から3月（年度単位で使う）までのラベルを貼った12枚のクリアファイル。
Ⓒ「INBOX」「31DAY」「TODAY」「WAIT」のラベルを貼った立てる4つのファイルボックス。

です。

Ⓐ先ほどの「タスク」の準備のところでお話したように、仕分けした「タスク」を1件1葉でクリアファイルに入れておきます。そして「INBOX」に立てておきます。

Ⓑ「タスクリスト」「手帳」で「スタートライン」「デッドライン」を確認しながら、この1か月で作業するタスクを1日から31日までのラベルを貼った31枚のクリアファイルに入れていきます。そして「31DAY」に立てておきます。そのとき、1か月以上先のタスクは、4月から3月（年度単位で使う）までのラベルを貼った12枚のクリアファイルに入れます。

Ⓒ毎日(できれば前日の帰りがけ)該当する日のラベルが貼ってあるクリアファイルからタスクファイルを取り出し、「TODAY」ボックスに入れます。できればその日に手をつける順番に左手前か

ら並べておきます。

Ⓓ当日は朝から手前のタスクファイルから順に手に取り、作業を始めていきます。自分との約束として手帳に「タスクの時間」としてロックした時間になったらアラームやリマインダーの合図とともに作業を開始します。これで必ず取りかかれます。

Ⓔ作業が終わったら、「アウトプット（納品）」「ファイル（ストック）」「不要（廃棄）」のいずれかで処理し、手もとから消し去ります。

Ⓕ相手に渡して「返事待ち」のものは「WAIT」ボックスへ、作業が終わらずに「ペンディング」にするものは次の作業日を決め、「31DAY」ボックスの該当する日にちのタスクファイルへ入れておきます。

Ⓖこのように作業をすすめ、「TODAY」ボックスのタスクファイルがすべてなくなったら本日の作業は終わりです。

このようにすると、机上に「タスク」が残らないのですっきりします。

やっている作業のスピードを落とさない・中断させない

作業のスピードを落とす「中断」には、あらかじめ対処しておくこと、つまり「打てる手は打っておく」ことが大切です。

中断の原因はおもに「人」と「モノ」が多いのですが、パターンとしては、次の６つです。

Ⓐ自分がやっていなかった場合。（準備不足）これは、全体が見えていない状態、あるいはゴールが見えていない状態で自分が原因で作業が中断してしまうことです。

Ⓑ相手がやっていなかった場合。（ダンドリ不足）これは相手に作業を依頼する際、納期、全体像、イメージ、予定、作業内容が伝わっていないことから起こります。

Ⓒ相手がいなかった場合。（コミュニケーション不足）これは単純に予定の確認が不足していたということです。

Ⓓトラブルで作業がすすめられない場合。（見込み不足）トラブル自体はある程度仕方ないのですが、かなりの部分は事前に手を打つことにより回避できます。予測可能なトラブルやクレームなどはあらかじめ対処しておき、エラーやトラブルの連鎖を防ぐための「フェールセーフ」という連鎖を断ち切る手を打っておきます。

Ⓔモノがない場合。これは「そのもの自体調達していない場合」は論外ですが、「あるけれど見つからない」という場合は、「探し物をしなくてすむ」ようにしておくことです。

Ⓕモノはあるけれど使えない場合。これはしっかりメンテナンスをしておくか、メンテナンス自体しなくてよいモノを使うことです。

基本的にはこの6パターンですが、それぞれある程度未然に防ぐことができます。「ゴール」と「ゴールまでの道すじ」「通過点」のイメージをしっかりと持ち、準備することやモノの確認、人の手配などをチェックリストで確認しましょう。

それでも解決できないときは、「最善の策がとれないならば次善の策」と気持ちをシフトします。そして必要な判断をし、立て直しながらすすんでいきます。決してそのまま立ち止まって中断した状態にしないようにしましょう。

モノへのアクセスタイムを減らす

「モノはあって使えるのだけれど、使うまでに時間がかかる」という性質の課題には「アクセスタイムを減らす（選ばない・迷わない）」という仕組みで対応しましょう。

1つひとつは今まで言われてきたことなのですが、これを5つ組み合わせることによって作業のスピードが格段にアップします。だまされたと思って実践してみてください。

「モノを減らすこと」（整理）

手順としては、まず初めに「モノを減らすこと」（整理）から始めます。目的のアイテムを素早く見つけるためには、相手をするモノの総数を減らし、見つけやすくすることが第一歩です。

モノが多ければそれだけ探すのに時間がかかります。同じ機能のモノがたくさんあれば、「今日はどれを使おうか」と迷います。また、不要なモノは「雑音」となり、目的のモノを隠してしまうこともあります。まずは、すべてのアイテムを机に出し、不要なモノをなくし、同じ機能のモノは1つにしぼるという作業をし、相手にするモノ自体の数・種類を減らしましょう。

これは昔から「整理」と言われていることですが、オフィスの机上や引き出しなどでもなかなかうまくいかないのではないでしょうか。とにかくここから始めてみましょう。

「定番・定量・定位置」（整頓）

次に「定番・定量・定位置」（整頓）です。整理をしてモノを減らしても、それをキープするのはなかなかたいへんなものです。

人間は心配性なので、必要以上に予備、つまり「ストック」を持ちたがります。これは本能的なものなのでなかなかやめることができません。

私はこれを「定番」と「定量」という2つの仕組みを使ってコントロールしています。

使うアイテムをなるべく汎用性のあるものや手に入れやすいものを使うようにし、使い切っても、あるいはこわれても大丈夫という安心感のある状態にします。次にストックは「1つ」「1箱」「1冊」というように決め、必要以上にストックしないようにします。ストックを使い始めたら次のストックを用意すれば大丈夫という安心感を持つようにします。これだけでモノの数は減っていきます。

そして肝心なのは「使ったら元に戻す」ということです。モノは「何かをするために使う」ので「使いたいときにない」と困ります。前回使ったモノを元に戻していないと、使いたいときにそこにモノがないことになり、どこか別のところから探してきて「別のモノ」を持ってくることになります。するとまた使ってそのままになり、そこが新しい置き場所となってしまって、「別のモノ」は元にあったところからなくなるので、その「別のモノ」を使いたいときには「またさらに別の場所」から「さらに別のモノ」を持ってくるというスパイラルにおちいります。

ですから使ったものは必ず元の位置（定位置）に戻すようにしましょう。

あらかじめ机上や引き出しに「モノの定位置」を決めてしまうとうまくいきます。すると「別のところ」「別のモノ」は不要となるので全体のモノの数が減ることになります。

たとえば職人の道具や料理人の調理器具、大工道具などのように必ず定位置にあれば見ないでもそのモノにアクセスすることができます。

ビジネスマンでも上着のポケットやカバンなどから名刺、手帳、ペン、メモ、携帯、財布、ハンカチなどを見ないで取り出すことができます。そしてもう1歩すすめて、使い終わったらさっと元に戻すということができれば、モノへのアクセスタイムは格段に減ります。まるで「武士の居合抜き」のようですね。要は「整頓」をしましょうということです。

「モノの置き方」（立てる・重ねない・見やすく）

そして3番目に「モノの置き方」（立てる・重ねない・見やすく）ということです。

「書類を探す」というとどういうイメージですか。ちょっと想像してみてください。デスクの上に山積みされた書類の中から1枚1枚書類をめくって探したり、封筒、紙袋、カバン、キャビネットから1件1件探す、なければまた同じところを何度も何度も探す。というイメージがわくと思います。

でもファイルボックスを使って、そして1件1葉のクリアファイルに入れて立てておけば、格段に探しやすくなるのです。書類は寝かせておくと積み重なり、探すのに手間取ります。「あるのに見つからない」こともしばしばです。「木は森に隠せ」というように書類は紙の山の中から探し出せないものです。

また、中身の見えない封筒よりも中身の見えるクリアファイルに1件1葉で書類をまとめておけば、その案件が一発で取り出せるのです。

筆記具も一緒です。ペン立てをガサガサと探すより、4色＋1ボールペンを1本だけ机上にペン先を手前にして置いておけば、最短のアクセスタイムとなります。ペン立ても不要かもしれません。


「あらかじめ必要なモノをすべて用意しておく」


そして4番目に「あらかじめ必要なモノをすべて用意しておく」ということです。

作業を始めてから必要なモノを準備するのでは、中断したり、スピードが落ちたりして、またトップスピードになるまでに時間がかかります。先の「居合抜き」で取り出せるモノ以外の必要なモノは最初から用意しておきましょう。

じつはここがポイントです。みなさん上記3つのポイントまたは「ワザ」として持っていることが多いのですが、それ以外のモノを探してタイムロスをすることが多いのです。たとえば、データ、資料、名簿、ファイル、帳簿などがあてはまります。封筒、切手、伝票、用紙、袋、箱などのちょっとしたモノも対象です。

「机上には1つのタスクだけ置く」

最後に、実際に作業するときには、「机上には１つのタスクだけ置く」ことです。

私はデスクの右から左方向へ作業をすすめるようにしています。これから作業するタスクを１つだけ取り出しクリアファイルから机上に取り出します。道具や資料はすべてそろっている状態で作業を始めます。割り込みがあったときは紙に書いて「INBOX」に入れ、淡々と作業を続けます。

終了したら左へ流していきますが、作業は雑音が入らないように１つの作業だけに集中します。余計なモノやタスクは机上に置きません。

時間泥棒を退治する

時間泥棒は、おもに「人」、「モノ」、「情報」プラス「五感からの刺激」です。

まず、時間をムダ遣いさせられてしまう「外からの割り込み」によるロスタイムをなくすことが大切です。私たちにとって、三大時間泥棒は「人」「モノ」「情報」です。

人とのつき合い方、モノの持ち方・使い方、情報の集め方・関わり方を整理することによって、時間の浪費が減り、自分時間を格段に増やすことができるようになるのです。

人は訪ねてきたり、連絡してきたりしますので、基本的になるべく「会わない」「電話に出ない」などの対応で断るようにします。どうしても必要なことはもちろん対応しますが、どうでもよいことは断るか後にしてもらうようにしましょう。そういう仕事のやり方であることが浸透すれば、相手も何とも思わなくなります。

モノは置かないようにし、最小限で作業をこなしていきます。机上にもほとんどいらないはずです。情報も必要最小限、最新版だけにしぼり、余計な情報は入れないようにしましょう

まずはそれぞれの重要度を考え、半分に減らしてみましょう。半分に減らしてみてもじつはたいしたことはないことがわかりますし、自分時間が増えたことがすぐに実感できると思います。

五感からの刺激の割り込みをなくす

そして次に五感からの刺激の割り込みをなくしましょう。人間は五感からの刺激に弱く、すぐに反応してしまいます。見るもの、明るい・暗い、聴こえる音、香り・におい、暑い・寒い、痛い・かゆい、身体の内外からのさまざまな刺激など、ほんの少しの刺激でもすぐに反応し、あれこれ考えてしまうのです。それ自体が時間泥棒となってしまうのです。

ですから要は環境をつくることです。「人は断る」「モノは置かない」「情報は断ち切る」という何もない状況が時間泥棒を遠ざけます。

時間泥棒に対処するには心がまえとして、「捨てる（やめる、断る）」「減らす」「対応する」とい

うこと自体をはっきり決めることです。でももしそれができない場合は「後まわし」「まとめて」「こちらの都合のよいときに」処理します。

その時間をあらかじめどこかにつくっておくとよいでしょう。

また普段の生活の中ではやっかいな「時間浪費デバイス」と「夜の時間泥棒」にも気をつけましょう。

「時間浪費デバイス」は時間を決めて使う

「時間浪費デバイス」は時間を決めて使うようにしましょう。

私たちの生活の中にはすでに「時間浪費デバイス」がたくさんあります。

たとえば、テレビ、ビデオ、パソコン、スマホ、携帯電話、ゲーム機などは便利なものですが、時間を決めて使うようにしましょう。

テレビ、ビデオ、インターネット、メール、ゲーム、ＳＮＳ、ネットショッピングなどは時間があればあるだけ使ってしまいます。

「気づかないうちに時間が経ってしまった」「一度始めるとなかなかやめられない」「ついついクセになってしまう」ということがありませんか？

結局、建設的でない時間を費やしてしまい、後悔したり、自己嫌悪におちいるといった「負のスパイラル」にはまってしまいます。

時間を決めてから始めましょう。

「夜の時間泥棒」に気をつける

夜は時間割や締め切りがないので、「時間泥棒」に会いやすい時間帯です。特に注意が必要です。テレビ、ビデオ、インターネット、メール、ネットショッピング、SNS、雑誌、電話など「ちょっとだけ」と思って一度始めてしまうと、浦島太郎の竜宮城のようにたちまち時間が過ぎてしまって、「しまった、もうこんな時間！」ということになります。

あなたも経験があると思います。

タイマーやアラームなどのツールを上手に使って、「時間を決めて」始めましょう。

作業を素早く片づけ、ものごとを早くアウトプットする

キーワードは「納期」「品質」そして「自分へのごほうび」です。私はとても単純ですが、いつもこの方法で乗り切っています。

期限を守れない100点は0点以下

はじめに「納期」です。

「期限を守れない100点は0点以下、提出していないのと同じである」と考えましょう。どんなに完成度が高くても、期限に間に合わなければ意味がありません。評価に値しないので０点にもならないのです。そのことをしっかり頭に入れて作業をしていきましょう。

まずはエンドライン、デッドラインを決めて、手帳に書いてロックしてしまうことから始めます。

そして、納期のデッドラインを相手に宣言してしまい「背水の陣」で臨むとよいと思います。ダンドリとしては、「夜討ち朝駆けの術」でとにかく相手に早く投げること、「お手玉、ジャグリング、ブーメラン、キャッチボールの術」で手待ち時間をつくらないこと、そして相手に少しでも早く返すということが大切です。とにかく納期を大切にしましょう。

品質は相手のＯＫが出ればタスク終了

次に「品質」です。「相手のお墨付き」つまり「了承」や「ＯＫ」を取りつければよいのです。まずゴールを見て、クオリティをコントロールしながら相手とゴールを共有します。完璧主義は不要で、まず60％ぐらいできたら相手に「たたき台」を渡して相談し、方向性の確認をします。そしてすり合わせをしながら残りを仕上げていきます。

品質は相手のＯＫが出ればタスク終了、「ミッションコンプリート」なのです。ですからテマのかけすぎはムダ、「１００％」「完璧」を目指さないことと考えましょう。世の中の大半のことが「１００％」や「完璧」を必要としていません。「１００％」を実現するためのテマヒマは大きな時間のロスとなります。まずは６割主義で進めましょう。「テマをかけるだけの価値があるもの」だけにテマヒマをかけて、それ以外のことはせず、前向きに他のことをしましょう。

そのとき過剰品質は不要なので、相手の求める品質で出すこと、相手品質で納品し、自己満足のタスクをしないこと、すでにあるものを利用したり、過去のリソースを活用するなどして、最初からつくり込みをしないようにすることが大切です。

「ごほうび」が大切

そして一番大切なが「ごほうび」です。

ミッションが終わったら、自分にごほうびを準備しておきましょう。たとえば次の楽しい予定（ライフ・パーソナル）を入れてしまうなど、モティベーションが上がるような仕組みをつくると次につながり、うまくいきます。

作業の「二度手間」と「やり直し」を省き一度で済ませる

日常的によくあることですが、私たちは作業をしたとき、「二度手間」「やり直し」に直面することがあります。

「二度手間」とは、何か作業をしたときに「モノ」や「人」、「状況」が悪く、一度で済ますことができず、一部または全部をもう一度行うことをいいます。

「人を訪ねたけれど相手が留守だった」「モノを買いに行ったけれど売り切れだった」「行ったら

お店が休みだった」「相手にメッセージが伝わっていなかった」など結局もう一度やらなければならないことを指します。

これに対し、「やり直し」は作業をして形にしたにもかかわらず、過不足があったり、間違っていたことにより、もう一度最初に戻って、あるいは途中から行うことを指します。

いずれも作業の前にゴールの確認、相手とのコミュニケーションなどにより防ぐことができるものですが、ついそれを忘れて作業を始めてしまったり、途中の確認を省いてしまったりして、結果的に「二度手間」や「やり直し」となってしまいます。

これらは、「違うゴールへ着く（答えが間違っている）」「ゴールに着かない（答えが出ない）」「ゴールを通り過ぎてしまう（やり過ぎてしまう）」ということになり、どれも満足した結果に結びつきません。

日常的に仕事ではよくありますが、子どもの頃に買い物、お手伝い、テストなどで誰もが経験したことです。

結果的に作業時間が倍以上かかり、成果物も「そこそこ」しかできず、しかも自分も相手も「何かもやもやした気持ち」が残るので、できれば避けたいパターンです。

あたりまえですが、「二度手間」は一度でうまくいかないから二度やることになるわけです。「やり直し」は誰かにやり直しをさせられるからやり直す、つまり、ＯＫが出ないでＮＧということです。ＮＧが出ないようにするには、相手とゴールと方向性の共有が不可欠で、相手品質で必要十分のアウトプットをしましょう。

やり直すくらいならていねいに、一度に済ませるほうが早いのです。

そして、二度手間を避けるには、(これもあたりまえですが) 一度で済ませるよう工夫することです。結局それにより、さらにスピードアップします。

具体的な仕組みとしては、

Ⓐ「一筆書きの術」 多くのものを一度に済ます、ついでに済ます。

Ⓑ「分身の術」 何かをしながら別の何かを動かす、タイムシェアリングで二重に時間を使う。

Ⓒ「コミュニケーション不足をなくす」 相手品質でゴールを設定する、相手にゴールと方向性を確認し共有しておく。

Ⓓ「必要十分で動かす」 やりすぎない、むしろ足りないぐらいでよい、相手に「そこまでしなくてよかったのに」と言わせない、モレなく、ダブりなく、過剰品質を避ける、足りなければ相手は追加注文してくると考える。

Ⓔ「『ほつれる前の一針』でリスク回避をする」 ほつれそうなところを見つけたら、手間を惜しまず迷わず一針縫う。

Ⓕ「タスクや人、状況についてあらかじめ確認を入れておく」

という形でアプローチすればたいがいうまくいきます。要はちょっとした「気遣い」と「確認」なのです。

人の力を借りて成果を出す

人の力を借りるというのは、「アウトソーシングする」「時間を買う」のとは少し違った方法です。単に人の力を借りたり、依頼したりするレベルの話だと思ってください。

先の「時間とお金の使い方」のところでは時間を買うことによって「外から時間を持ってくる」「足す」ということができます。道具・手段・サービス・知恵を買う、つまり「時間自体を買う」「サービスや製品を買う」「ノウハウを買う」ことができますとお話しました。

でもここでは「ワーク」を減らすという観点で「頼む」「一緒にやる」「知恵をかりる」「成果物をかりる」「人脈をかりる」ということを考えます。

「作業の一部としてのタスク」を頼んで任せておいて、その成果を受け取るという形、「丸投げ」というのではなく、全体の作業の一部を依頼する形があります。

また、作業やアイデアを共有しながら新しいものを創っていく形、つまり、「一緒にやる」形とするとグループワークとしてのメリットがあります。

そして、作業をするときに「手」でなく「知恵」をかりたり、「その人の過去の成果物」を土台にさせてもらったりすることもできます。

またその人が持っている人脈を使って、ダンドリをスムーズにしたり、納品する相手のＯＫを上手に取っていく方法もあります。

自分１人の力は限られていますので、様々な形でまわりの人の力を積極的に借りましょう。単に自分が楽をするという意味ではなく、よいものを早く創るという意味でとらえましょう。

2 アポイント（他人とやること）

「ヒトとやるコト」

「アポイント」は「人との約束」の時間です。人と会ったり、相談したり、交渉したり、会議や打ち合わせ、ミーティングなども含まれます。

基本的に始まりの時刻と終わりの時刻があり、スケジュール表に予定として書かれます。「いつ、どこで、誰と何のために会う」という性質のものです。

アポイントを断り、会わないで済ませる

そもそもアポイントとは何でしょうか。それは「人との約束」です。あるいは「人と会って何かを成し遂げる」ための約束とも言えます。

では、会って何を成し遂げるのでしょうか。何のために会うのでしょうか。

それは、「お互いのゴールに向けた前進」のためです。

基本的には「ゴールの共有、すり合わせ」「ゴールへの道すじ、諸条件の確認」「利害関係や課題・問題の解決」「おわび、お願い」がおもなアポイントの中身だと思います。時には「単なる顔合わせ」

といったものもありますが、この先円滑にいくように前進するのであれば、それも1つの目的となります。

それでは「お互いのゴールに向けた前進」は直接会わなければできないのでしょうか。よく考えてみると必ずしもそうではありません。実際に会うにしても、その他の手段、方法で前進させることは可能なのではないでしょうか。

たとえば、「話の内容をあらかじめメモや書面ですり合わせておく」「話の流れや概要、ポイントをメールやファックスで伝えておく」「課題や問題点などを電話で相談しておく」など実際に会ったときは「笑顔で握手」となるようにダンドリをすることもできます。

さらに進めて、会わないで済んでしまうような案件もあるのかもしれません。

会議、ミーティング、打ち合わせの中には、こういった形でさばけるものが多いのではないでしょうか。

実際に会うときにはもっと有意義に楽しく、ハッピーになるように会いましょう。

アポイントをコントロールし、なるべく減らす

まったく会わなくて済ませられればそれでよいのですが、そうでない場合にはアポイントをコントロールしてなるべく時間を短くします。

たとえば、「今から45分間」という形で時間を決めたり、区切ったりします。あるいは、「15時20

分まで」という形でエンドラインを決めるなどとし、時間が伸びても大丈夫なように、次の予定との間にゆとりの時間（バッファー）を持たせるようにします。

また、自分の都合で待ち合わせ場所と時間を決めるようにします。たとえば本屋、いきつけのお店、駅の近く、次の仕事の近くなど時間のムダがないようにしたり、なるべく昼前に設定し、後の時間のプレッシャーを使ったり、後の予定をつくっておいてあらかじめ相手に「後に予定がある」旨を伝えておくなどしてデッドラインを決めてしまいます。

そして、「打ち合わせ内容を少なくしてから会う」「あらかじめ整理して話すことをしぼる」などの前段階の準備もしっかりとしましょう。

とにかくアポイントは自分の都合中心でとります。

アポイントをとるときに自分の都合を最優先せず、相手の都合で決めてしまうと、結局タスクが減らず、時間に追われることになります。

3　ダンドリ

ダンドリ上手は生き方上手

「ダンドリ」って何でしょう？

日頃よく使う言葉ですが、あまり真剣に考えたことはないかも知れません。

いろいろと解釈はあると思いますが、私はこう考えています。

「ダンドリとは、何か目的、つまりゴールにたどり着くために行う作業や思考などの手順や順序を決め、実行していくプロセスのこと」です。

ダンドリを上手にすることによって、私たちは、余計なテマヒマかけず安心してものごとを進めることができます。

そして、1つひとつのタスクやプロジェクトがうまくいくことにより、結局はその総体である人生がうまくいくことにつながります。私はそう思います。「ダンドリ上手は人生上手」、豊かな人生を楽しんでください。

さて、こんなことはありませんか。
①「気がつくともう出かける時刻」「気がつくともう締め切りの時刻」、でもまだ何もできていない。何をしていいのかわからない。
②「忘れ物が多い」「やり残しが多い」「一度でものごとが終わらない」「二度手間になることが多い」「つい余計なことをやってしまう」。
③「もっと早くから準備しておけばよかった」と思うことが多い。「前にも同じ失敗をしてしまった」と思うことがある。
その原因は、
①自分がそのときにやるべきことが把握できていない。全体像がつかめていない。

②順序・順番・手順を決めないで作業や行動をはじめるので、二度手間、過不足、忘れ物、やり残しが多くなる。
③事前にできることをやっておかなかったり、そのときにしなくてもいいことまでその時間に詰め込んでしまうので、失敗が多い。
ということなのです。
ですから、
①そのときにやることを決める。
②一度でものごとを済ませる。
③早めに準備をする。
という形にすればよいのです。
そしてとるべき行動としては、次の３つに尽きるのです。
①まず、そのときにやることをすべて紙に書き出し、全体像と総量を把握する。
②次に、不要な作業を削り、必要十分なものだけを残し、重要なものからリストにならべる。
③そして、ひたすらタスクリストを順にこなす。決して迷わない、立ち止まらない、リストにないことはしない。
もちろんすべてがこのように単純に割り切れるわけではありませんが、原則これで基本的には解決し、ダンドリがうまくいくようになります。

〔図表３　ダンドリの三原則〕

①全体像をつかみ、やることを決める。
②手順を決め、一度でものごとを済ませる。
③周到な準備をし、早めに行動を開始する。

ダンドリの三原則（心がまえ）と「基本的な手順」

ダンドリの心がまえの三原則は、結論として、図表３の３つに集約されます。

そして基本的な手順、プロシージャーは、次の７つです。

①ゴールを決める。ゴールポイントに旗を立てる。

②スタートからゴールまでを俯瞰する。全体像を見る、道筋を決める、地図で確認する。

③やることをすべて洗い出す。タスク・やること、やり方の確認、不要なことを捨て、整理する。必要なことだけ残す。

④作業手順、順序を決め、スケジュールを立てる。タスクリストをつくる。

⑤小さな目標、マイルストーンを決める。作業のガントチャートを作成する。

⑥ひたすらタスクリスト順に実行する。

⑦作業状況をゴール、マイルストーン、スケジュール、タスクリスト、ガントチャートで確認し、モレや抜け、ルート・道

筋、納期・スケジュールなどをチェックする。

同時に「必要十分」「過不足なく」「不良品や過剰品質をなくす」というクオリティチェックを行う。

4 リスクマネジメント

「リスクマネジメント」と「トラブルシューティング」で「あせる・あわてる・パニくる」を避ける

「タスク」と「アポイント」がうまくさばけるようになり、「ダンドリ上手」になったら、次に気をつけることは「リスクマネジメント」と「トラブルシューティング」によって「あせる・あわてる・パニくる」という状態を避けることです。

「リスクマネジメント」で大切なことは次の5つです。
①全体像の把握とリスクの予測をしておくこと。
②実体のない漠然とした不安ではなく、具体的に作業に対する心配をしていくこと。
③周到な情報収集をし、何か気になることがあれば、「ほつれる前の一針」を施すこと。
④人に対しては「配慮のある声掛け」をしておくこと。
⑤リスクがありそうなところに対し、適切なタイミングで適切な行動をとっておくこと。

5　トラブルシューティング

「トラブルシューティング」

「トラブルシューティング」で大切なことは次の５つです。

①起きたトラブルの状況の把握を的確に行うこと。
②迅速に必要な情報収集をすること。
③的確かつ迅速な意思決定をすること。
④対象への適切なアプローチを行うこと。
⑤事態収束の判定とクロージングを誤らないこと。

6　バッファー

バッファーをつくること「遊び、スキマ、ゆとりこそうまくいく秘訣」

人間の心は不思議なもので、ゆとりを持つことによってものごとがうまくいくようになります。自動車のハンドルは「遊び」があるからうまく運転ができます。レールや建具はスキマがあるからこそスムーズに動きます。物事も人の心や時間にゆとりがあるからこそうまく進みます。

言い換えれば「バッファー」つまり緩衝材・クッションがあってものごとがうまく進むのだと思います。「コト」を取り扱うときの極意はこの「バッファー」「遊び、スキマ、ゆとり」なのではないでしょうか。

心にゆとりを持って進めることによって、頭（脳）の処理能力、処理速度が安定的に保たれ、あせりやパニックがなくなることによって、処理に対する邪魔が入らなくなります。

これだけでも格段に作業効率が上がり、パフォーマンスの向上が期待されます。

また、別の意味のバッファーとして、「一時保管」「とりあえずの置き場所」が大切です。両手がふさがっているときでも、そこに一時保管する置き場所があれば、落ち着いて作業を続けられるのです。

心を亡くすと書いて「忙しい」と読みます。忙しいときは誰でも焦ったりあわてたりします。特にタイムトライアルなどで時間に追われると「単位時間当たりのメンタルワークロードがあがり」焦ってくるのです。そういうときは「やさしさ」や「おもいやり」など人に対する配慮もできなくなり、言葉遣いも乱暴になりがちです。

そんなときに「バッファー」つまり「ゆとりや遊び、余裕」が大切なのではないでしょうか。

また心もちとして、「相手（コト）と闘わない」、「自然の流れに逆らわないでまかせる」、「千手観音と百人組手をしない」、「水や雲のように自然の流れにまかせる」、「飛んできた矢はよける、決して叩き落さない」「柳のようにしなやかに風をかわす」のように私は考えるようにしています。

4章

「心」のトリセツ

心が疲れないように、「わがまま」「我がまま」「あるがまま」

心を亡くすと書いて「忙しい」、亡くした心と書いて「忘れもの」

実は、私は子どもの頃から心があまり強くなく、それを克服しようと思って学生時代に心理学を専攻したこともあり、「心」のことについていつも悩み、苦しみ、考え続けてきました。

ですから、自分自身も周りの親しい人たちにも「心が疲れる」ことがないように、一生懸命考えたこと、がんばって経験したことなどをお話ししています。

その中でも、「心を亡くすと書いて『忙しい』、亡くした心と書いて『忘れもの』」の話をお伝えしています。

まわりの環境、つまりヒト、モノ、コトなどにより振りまわされると「忙しい」と感じます。そしてそれがひどくなると「忙殺」される、つまり「忙しさに心が殺される」ことになります。

人はそんなに強くないので、すぐ「忙しい」と感じ、「嫌だな」「面倒くさいな」「やりたくないな」などと思ってしまいます。

それはそれでいいのです。そう思った自分を責めないでください。だってそれが「あたりまえ」なのですから。

ただ、そのことによって、人にあたったり、意地悪したり、言葉遣いが乱暴になったり、やることが雑になるのはよくありません。

また、自分の心を病んでしまうようなダメージを受けるのもよくありません。

では、どうすればよいのでしょうか。

私は、「ヒト」、「モノ」、「コト」とうまくつき合うこと、「学び」と「時間」を味方につけること、「自分の心」を守ることを考えて対処してきました。結局それが自分の人生を創っていくことになり、今本書を書くことにつながったのだと思います。

やはり、「心」が「亡くなって」はいけません。「心」を大切にしましょう。

1　本当の自分と弱い心（自分⇕自分）（我がまま、あるがまま）

「わがまま」「我がまま」「あるがまま」

「わがまま」とはもともとは「我がまま」と表し、「あるがまま」という意味なのだそうです。決して「自分勝手」ということではなく、自分の考え、心の思うところに素直に従い行動するというよい意味なのです。

私は、小さい時から気が弱く、自分の思ったことを何一つ言えない子どもでした。あるとき「わがまま」ということについて「うらやましく」感じたことがありました。「わがまま」になりたい、と強く思いました。

でも、無理でした。それから本当に苦労をし、自分の心が疲れないようにどうするかを真剣に考え、大学では心理学を専攻するようになったほどです。それほど私にとってたいへんなことだったのです。「ふつうに」過ごしてきたまわりの人たちには決してわからない心もちなのです。

本書を読んでくださっている方で、私の苦しみに共感していただける方がいらっしゃれば、本書を書いた意味があると思います。

自分の「弱い心に打ち勝つ」のではなく、「弱い心と向き合う」こと

私もそうですが、人は弱いものだと思います。

まわりの人たちは「がんばって」「大丈夫だから」「なんとかなるから」「きっとうまくいく」などと半ば無責任な言葉をかけ、それに打ち勝つよう励ましてくれますが、私は「もうこれ以上何をがんばれって言うんだ」「全然大丈夫じゃないよ」「なんともならないよ」「うまくいくわけないだろう」といつも思っていました。

必ずしもいつも「弱い心に打ち勝つ」必要はないと思います。ただ、その「弱い心」と正面から向き合って、そのまま受け止めるだけでいいのだと思います。「今、自分はこうなんだな」「こう感じているんだな」とただ思うだけでいいのです。そして自分と向き合う時間が大切です。

私は自分の弱い心と向き合いながらいろいろなことを考えました。その中でいくつか気づいたことがあります。

自分の弱さを認める

誰もが「自分は弱い」と感じています。

その「弱い」部分を自分で認めることができると「強さ」にもつながります。

本当に強い人は、「自分の弱さ」を認める素直さをもっています。無理に背伸びをして「強いふり」をするのではなく、素直に弱い自分をさらけ出すことが、本当の強さにつながるのです。まずは自分の弱さを素直に認めることから始めてみましょう。

「自分が使う言葉」と「心もち」が大切

「自分が使う言葉」と「心もち」はとても大切です。

最終的にどういう言葉を発するか、アウトプットするかは自分自身で決めて話しています。それが行動となり、生き方につながります。まわりの人たちとの関係もそれにより大きく変わります。

その前提として、外からの刺激、状況、環境に対してどう認知したか、つまり、自分がどう感じ、どう解釈し、どう納得するかにより自分の中で思考の熟成プロセスが違ってきます。平たく言えば、自分がどう感じ、どう思ったかによって出てくる言葉や行動が変わるので、いつも1つひとつていねいな気を配っていきましょう、ということです。結局ありのままの自分をいつでもありのままに表現していけばよいのです。

見栄をはらずにありのまま、あるがままの自分を出す

自分の間違いや自分の不利な状況を隠したり、見栄をはることなく、いつでもどこでもありのま

ま、あるがままの自分を表現するようにしましょう。

相手に過小評価されてしまうということへの恐れを感じることなく、自分ができなかったことも素直に認めるようにしましょう。

そうすることにより、「自分はそれ以上でも、それ以下でもない」という意識になり、不安や焦りなども自然と薄れていきます。そして実力も発揮でき、結果もついてくるようになります。

「嫌なものは嫌」自分の心と向き合う

「嫌」という気持ちはとてもやっかいです。

「快－不快」という根源的で最も強い力を持つ感情の1つで、世の中に適応するために無意識の沼の奥底に沈めて押し隠しているものなので、自分ではコントロールすることができません。

そしてこの「嫌」という感情は、「生理的に不快である」ことのほかに、「したくない」、「されたくない」、「させられたくない」、「言いたくない」、「言われたくない」「言わされたくない」など、他人との関係性の中で生じる状況でも湧いてくるのです。

この「嫌」という感情にうまく対処できれば、人生を楽に生きることができますが、まず自分の「嫌だと感じているんだな」という状況を素直に受け止め、「これが嫌なんだ」と嫌なコトやモノ、人などの対象を単純に認識し、「嫌なことは嫌」とはっきり主張しましょう。

「等身大」（あるがまま）本当の自分　背伸びをしない

かっこ悪くていい、ダメでもいい、できなくてもいい――いつでも自分らしく自由に生きる…。

自分らしい生き方…とは、誰でも「自分らしく生きたい」と願っています。

でも、なかなかそれができる人はいません。

なぜでしょうか。

それは、人に対して、あるいは人の目に対して「背のびをするから」です。

「自らハードルをあげたり」「人の目を気にしたり」…。

「かっこ悪くていいじゃん」「人からどう見られたっていいじゃん」「ダメでもいいじゃん」「できなくてもいいじゃん」と思えたとき、つまり等身大の自分を受け入れられたときにはじめて「自分らしく」生きられるのです。

そしてそれが、まわりから見て「かっこよく」見えるのです。

人は「自分らしく、自由に生きている人」やその姿に「かっこよさ」を感じます。

2　自分を許す、認める、（自分↑自分）

見たくない自分も見る

「見たくない自分を見る」とは、自分の弱さ、愚かさ、醜さ、狡さ、残酷さなどを見ることです。

誰でも、思い出したくない過去、つらかったできごと、他人にしてしまった酷いこと、恥ずかしくなるようなこと、などの体験があります。

時が経つと「弱かった」「甘かった」「まずかった」と大雑把に思うのですが、「そんな自分がいた」ということをしっかりと認めることがとても大事です。

単に過去の自分を否定するのではなく、自分の嫌な部分に向き合うことで、「人間はいいところだけではなく、弱さ、愚かさ、醜さ、狡さ、残酷さなどを持っていていい、そうやって生きているのだ」と受け入れることが大切です。

なぜなら、誰しもがそういう部分をもっているからです。

すべてのものには表と裏、光と影がある

すべてのものごとには、コインの裏表のように、プラスもあればマイナス部分も存在します。それは人間についても同じです。

自分自身のなかにも表があれば裏があるように、ダメな自分、できない自分もいれば、素晴らしい自分、できる自分も存在していて、すべてを含めて自分という人間を構成する要素になっているのです。

でも、弱い自分、悪い自分、嫌いな自分、認めたくない自分、などのネガティブな部分についてはどうしても排除したくなります。

他人からは、ポジティブで前向きな姿勢や言動、行動が評価されることが多いので、ネガティブな部分はなるべく隠してポジティブにならなければとつい頑張ってしまう人も多いかもしれません。

しかし、「マイナスを消すからプラスが出てくる」というものではなく、どちらかだけを消すということは、そもそもできないのです。

ものごとにはすべて表と裏、光と影があり、表裏一体である、マイナスもあればプラスもあるのが自然であたり前、という自然の摂理をまず受け入れることが大切です。

ダメな自分、できない自分を受け入れても大丈夫

ダメな自分やできない自分を受け入れてしまったら、そこで自分はダメになる、できなくなると思いがちです。

ダメな自分やできない自分を受け入れることとは、弱くなることではなく、むしろこれまでのすべての自分をまとめて受け止めている、スケールが大きくなっている、あらゆる経験をしている、という安心感につながっていくのです。

完璧さを求めず柔軟に考える

完璧主義でいると、ほんの小さな失敗でも自分にとっての大きなダメージと捉えてしまってくよ

くよしてしまいます。

そしてさらに、慎重に、臆病になるため、前にも増してやるべきことが進まず、なかなかゴールにたどりつきません。

完璧さを求めなければ、追いつめられた心が楽になり、自分の中の無力感、罪悪感などから解放されます。そして、他人に対しても完璧を求めないようになり、柔軟性がついてきます。

3　今、ここ、自分（自分⇔環境）

「今、ここ、自分」（環境を受け入れている）

時間、空間、感じる主体、五感をあるがまま受け入れる、どうしようもないこと、変えることができないことを受け入れることが大切です。

イメージしてみてください。

「今、ここ、自分」は「今そこに咲いている花」のこと、「等身大」とは「あるがまま、ただそこに咲いている花、それ以外の何ものでもない」ということ、「自分が主役」とは「太陽のスポットライトを浴びて誰のためにでもなく一生懸命咲いていること」です。

今の自分をあるがままに受け止めて、まわりの環境もすべて受け入れて、「置かれた場所でひたむきに咲いている花のように生きる」ことができれば、自分の境遇や今の状況が「ちっぽけで」何てことないように感じることができ、余分なストレスを感じないで生きられるようになります。

つまり、時間、空間、主体である自分にフォーカスし、それらを受け入れることが、心の健康にとってたいへん重要なことだということを受け止めて生きていきましょう。

4　ストレス（心⇕身体）

心と身体の両方からのアプローチでバランスをとり心を安定させる

不安やストレスを感じたら、意識的に深呼吸やあくび、伸びをすると落ち着きます。

心と身体は双方向に影響し合っていて、つながっているからです。そして不安やストレスを感じると心臓がドキドキしたり呼吸が荒くなったりします。

そういうときは、ゆっくりと深呼吸したり、あくびや伸びをするなど、意識的に身体を動かすことにより、心を落ち着かせることができます。

つくり笑いでも、とにかく笑ってみる

非言語行動論、つまりノンバーバルコミュニケーションの世界では、人間は「悲しいから泣くのではなく、泣くから悲しくなるのだ」と言われています。

実際には、もちろん「悲しいから泣いている」ことが先にあるのですが、「悲しことがあって、

泣いている自分をもう1人の自分が認知して、泣いているという行動を自分が再認識し、そのことによってより悲しみが増して、より悲しさが喚起される」「泣くから悲しくなる」と言われています。

笑いも同じです。「笑うから楽しい」というふうにとらえて、悩みや不安で心が押しつぶされそうなときこそ、気持ちは楽しくなくても、笑っているときの顔をしてみましょう。表情だけでも笑ってみると、不思議と後から気持ちが落ち着いて、楽しくなってきます。

身体のほうから心にアプローチをして、感情に影響を与える方法です。

気持ちが落ち着くトリガーグッズを用意しておく

人間の脳は、好きな音楽を聴くとき、小説やエッセイなどを読むとき、好きな映画を観るとき、脳が落ち着いています。

不安になったときは、その曲を聴いたり、本を読んだり、映画を観たりすることで気持ちが落ち着き、前向きにものごとが進められるようになります。そのようにトリガー（きっかけ）となるものを用意して意識的に使ってみると、ストレスが減ってきます。

私の場合は、学生時代に聴いていた曲、演奏した曲、大好きな映画、子どもの頃読んだコミックなどやルービックキューブ、懐中時計や万年筆など「元気の出るグッズ」をそばにおいて、それらを観たり聴いたり、読んだり眺めたりすることをきっかけ（トリガー）にして、気持ちを落ち着かせるようにしています。

5　不安・心配・プレッシャーから解放され、スッキリする（自分⇕頭と心）

不安とは「安全でない」ということ

不安は、「安全でない」ということを自分に知らせるサインです。

はじめての場所へ行くときは、そこは未知の場所であり、自分にとって安全な場所かどうか確認が取れていないですし、はじめての人に会うときは、その人が自分にとって安全な人か、つまり自分に危害を加える人か、自分と敵対する人か、自分と合わない人かなどがわかっていないのです。

不安には2種類ある

不安には２種類あります。「知らないから不安」という不安と「何が起こるかわからないから不安」という不安です。

言い換えれば、「知らないことを知ればなくなる不安」と「そのことを知ってもそのことが終わるまで解決しない不安」の２種類があるのです。

「知らないから不安」

「知らないから不安」は「知らないこと」を人から聞いたり、調べたり、実際に見たり、経験してみたりして、「知ること」によって解決する不安です。

私たちは、自分の安全をはかるため、知らないことについて不安を感じ、それを解消するために調査や探索行動をとって少しずつ知ることによって不安を解消しています。むしろそのために「不安という感情のメカニズム」を創り出したといってもいいかもしれません。

ですから、「知らないことを知ればなくなる不安」ということになり、比較的容易に不安の解消ができるのです。

「何が起こるかわからないから不安」

「何が起こるかわからないから不安」というのは、引っ越しをしたり、進学して新しい学校に入学したりするときに起こる不安です。

この種の不安は、引っ越し先の地図や地域情報などをいくら調べても、あるいは学校案内、学校説明会などでその学校の情報を調べていても、実際に暮らしてみてわかること、実際に入学してみてわかることが多いので、次々と知らなかったことが出てきて、最初に一度調べたことだけでは不安の解消につながらないのです。

ですから、「そのことを知ってもそのことが終わるまで解決しない不安」となり、すぐには解決できません。

この不安に苛まれたときは、しかたがないので、「その不安を受け入れ、少しずつ知っていくことにより解消されるのを待つ」ということにつきます。それしかありません。

そして、私ができるアドバイスは次の３つです。

「みんなが同じように不安になります」

「誰かに聴いてもらうと楽になります」

「自分だけが弱い心を持っていると思わないことです」

不安と心配は違う、お化けは見えないから怖い。顕在化・可視化する

相手をするモノゴトが見えないから漠然とした「不安」が湧き起こるのであって、見えたら具体的な「心配」に変わるのです。

お化けは見えないから怖いと感じるのです。つまり「見えない」から、「正体がわからない」から怖いのです。実体がないので、頭と心の整理、思考の解決をすることができず、いつまでたってももやもやと不安が続くのです。しかも、考えれば考えるほど膨張していきます。

相手の実態がわかってしまえば、どういう相手で、どう攻略するか、どう戦うかが見えてきて、具体的な「心配事」に変わります。

ですから、なるべく早く「不安」を「心配」に変えてしまいましょう。

そうすることによって、そのことへの対処の仕方がわかり、具体的な対策へ向けた準備ができるようになるのです。

「不安」はみんな持っている

だれでも「不安」を感じてあたり前です。大切なのはそれにどう対処するかが大切です。

人間だれしも、「不安がない」「まったく動じない」というわけにはいきません。不安は感じてあたり前、その不安にどう向かっていくか、そうなったときにどう対処すればよいかという具体的な方法を探すことで、心もちを安定させ、落ち着いた行動をとることにつながります。

不安を感じたときは

不安を感じるとき、「これからのすべての活動を停止・休止・禁止する」というのではなく、「暗い夜道を歩くように、足元をライトで照らして慎重に一歩一歩進んでいきましょう」というぐらいの気持ちでいることが大切です。

経験的に、不安なときは、「長くゆっくりとした呼吸」と「軽いウォーキング」が効果的です。心臓の拍動は自分でコントロールすることはできませんが、呼吸は自律的にも意識的にも動かすことができ、それを意識的にコントロールすることによって、身体の動きから心にアプローチすることができます。

呼吸を整え、ゆっくり呼吸することによって、「身体は落ち着いているのだ」と錯覚させ、心を落ち着かせていくのです。ある意味、自分の心をだましているとも言えますが、たいへん効果があります。

そして、ウォーキングなどの軽い運動をすることで体に少しだけ負荷をかけ、心の緊張感・ストレスとのバランスをとっていきます。すると、身体と心の負荷が均衡してきて、自然と不安が薄らいでくるのがわかります。

不安であることが自覚できているのであれば、「自分は不安な状態である」「自分は不安を感じている」「不安に思っていることがある」ということをまわりの人に伝えてしまうという方法が解決への近道です。

不安を自覚し、伝えてしまうことによって、自分自身もその状態をあらためて自覚（他覚）することができ、相手も、「あの人はそう思っているから不機嫌なんだな、イライラしているんだな、態度がおかしいんだな」と納得がいくようになります。

不安の理由を「目で見える」形に表現してみる

「理由はわからないけれども不安でたまらない」状況はよくあります。

そんなときは、心に思った事や頭に浮かんだことや言葉を紙に書きだしてみましょう。

たとえば、なんとなくと「明日が嫌だな」と感じたならば、それを紙に文字で書くことで「なぜ明日が嫌なのか」「なにが嫌なのか」「自分の心がどう感じているのか」と不安の理由がはっきりしてきます。そして書き出すことで、脳の混乱やあれこれ考える作業負担が軽くなり、その分脳が対策を考える余裕がでてくるのです。

不安や心配を解消する方法

なぜ私たちは不安や心配を抱えてしまうのでしょうか。「不安」「心配」とはどういうものなのでしょうか。

それは「不安は見えない、わからないから不安」、「心配は知らない、やったことがないから心配」ということなのです。

「不安」は、おばけのように、見えないものごと、何だかわからないものごとに対して抱く漠然とした感情や感覚です。

これに対して「心配」は、知らないことややったことのないこと、つまり経験したことのないものごとに対して抱く感覚、感情です。

ですから、「不安」に対しては、見えるようにすること、「心配」に対しては、情報を集めたり、調べたりしてみたり、あるいは実際経験してみることで解消することができます。

また、悩んでもどうにもならないことに悩まないことが重要で、どうにもならないことは、誰にとってもわからないのですから、引きずって悩むだけ時間と心のエネルギーのムダというものです。

ですから、どんな不安や心配を抱えているのかをはっきりさせていくことからはじめましょう。

無理やりポジティブになろうとしない

不安な気持ちや心配なことがあるなら、その心をあるがままに受け入れてしまいましょう。つまり、「不安がある」、「心配事がある」と自分自身できっぱりと認めてしまうのです。

そうすると、気持ちも楽になり、むやみに不安や心配事に振り回されなくなります。まず自分の気持ちに正直になって、不安や心配事と向き合うことが大切です。

そして、無理やりそれにさからってポジティブになろうとせず、ただひたすらそれを受け入れていくことから始めましょう。

不安を手放す

不安は手放しましょう。

といっても、どうしていいかわからないですよね。

たとえば、不安な気持ちをそのまま友人や知人などに話してみるのも1つの方法です。つまり1人で抱え込まないで自分の外に出してしまうことです。1人で抱え込んでいると、どうしても考えが自分の中だけで堂々巡りになって、不安がどんどん膨らんでしまいます。グチでも告白でもカミングアウトでもかまいませんので、思い切って誰かに話してみましょう。そうすると不安はどんどん小さくなっていきます。

頭の中、心の中の声を紙に書き出す

本当の自分を受け入れるためには、自分の表と裏、光と影の部分をすべて見ること、認めることです。

そのためには、自分の頭の中の思考や心の中の感情にしっかりと意識を向け、自分は普段なにをどのように考えているか、感じているかを把握することが大切です。

その方法は、とにかく紙に書き出してみることです。

頭で考えていること、心で思っていることは、すぐに蒸発して消えてしまうので、必ずノートなど紙に書き出してアウトプットしてください。

毎回外に出していくと、無意識に考えていたこと、思っていたことに自分自身気づき、フィードバックされます。

そうやって書き出したものを、よい悪いなどと判断せずに、「ああ、自分はそう感じているのか」とただ自分にフィードバックする練習をしてください。

自分の中から次々に出てくるさまざまな思考や感情を、紙に書いてそのまま眺める練習をしていくと、いろいろなことに気づきます。

そして何度もくり返していくと、自分の癖になっている思考パターンや感情の傾向を見つけることができるようになります。

「自分の中に知恵の神さまがいる」と考える

「答えは自分の中にあります」と事あるごとにお伝えしていますが、難しい課題に直面したときは、

「自分の中に知恵の神さまがいる」と考えましょう。

そう考えれば、すぐに答えがわからなくても、パニックになったり、見栄を張って答えを知っているふりをしたりする必要はなく、穏やかな気持ちでじっくり答えを見つけることができるようになります。プレッシャーや焦りから解放され、落ち着いた気分になれます。

「不測の事態」を「起こり得る可能性の1つ」と考える

人は誰でも予想外の事が起きるとパニックになります。

何かのトラブルが起きたとしてもそれに対する対処法がわかっていて、自分がそれに対応可能であり、確実に実行できる状態であればそれほど不安にはなることはありません。

「こういう事態になれば、こういうトラブルが起きる可能性がある」という予測を立てれば、不安は確実に軽減していきます。ゴールまでのコースを何パターンも作っておくようにすればよいのです。

トラブルシューティングを考えておく

日常的によく起こる可能性のあるトラブルに対して、リカバリーの方法をいくつか用意しておくと精神的な安定につながります。

外出に財布を忘れたとき、帰るための交通費や1日過ごせるだけの現金をバッグや定期入れに入れておくなど「トラブルシューティング」を用意しておくと安心です。

何か起こったときに慌てず、騒がず、落ち着いて対処することができれば、心がざわついたり、不安に苛まれることがなくなります。

感情の取り扱い方1つで、「感情にふりまわされなくなり楽になる」「嫌な気分を引きずらなくてよくなる」「解放されて自由に生きることができる」のです。

6　自分が主役、人目を気にしない（他人↓自分）

自分軸でいつでも自分らしく生きる

自分を軸にして生きると、自分がどうありたいのかを中心に考えるので、迷いがなく、人に左右されることもありません。

他人の目を気にせず、好きなこと、得意なこと、やりたいことをやる

ストレスのない人生を送るために大切なことは、他人に左右されないことです。

そして、他人の目を気にせず、好きなこと、得意なこと、やりたいことを続けるのがいいと思います。

人の目を気にして、自分ができるように見せるため、「まず弱点の克服を先に」と思うのが普通ですが、弱点を克服しようとする段階で失敗をくり返すため、結局「できない自分」を見せること

になり、余計に自信を失ってしまうのです。

他人の目を気にせず、好きなことや得意なことをしていれば、失敗も少なく楽しいので、「これは本当に自分がしたいことなのかどうなのか」を基準に「自分目線で行動する」ようにしましょう。「他人」ではなく「自分」がどう思うかを大切にしましょう。

他人の目を気にしすぎると、他人の評価をベースでしか生きられなくなる

自分を受け入れられるようになると、自分の価値を他人の評価によって決めないようになります。これは自分軸といって、どんな自分でもＯＫ、大切な存在であると思えるようになることです。そして自分の価値を自分で決められるようになるのです。

反対に自分自身の価値を、他人や社会からの評価に置いている場合は、完全に他人に自分の生き方やあり方がコントロールされてしまうことになります。

他人から嫌われたり、評価されないということは、自分の価値がなくなるという不安や恐怖と直結しているからです。

他人の目を気にして、他人の評価が自分の価値そのものである思っていると、他人に受け入れてもらえる自分でいること、よく評価されることを優先するので、ありのままの自分を受け入れるということが、とても難しくなります。

自分の本心を隠して、他人に好かれる自分を無理に演じたり、立派な自分であろうとすると、自

分のネガティブな部分は出しにくくなるので、いろいろ自分を隠すことや偽ることも多くなってしまいます。

本当に大事にするべきことは、他人の意見や評価なのか、自分の本音や気持ちよりもそちらを優先することが、本当に自分の幸せなのか、再度じっくり考えてみたほうがよいのではないでしょうか。

他人よりも自分の本音や自分の気持ちを優先したい、大事にしたいと心から思えたとき、ありのままの自分を受け入れていくことができるようになります。

人と比べるのをやめる

自分の無意識のうちに、人と自分を比べていませんか。

人と比べる傾向がある人は、他人との関わりのなかで「自分なんてダメだ」「相手のほうが優れている」と思ってしまう傾向があり、劣等感やコンプレックスを感じやすくなります。

いつも他人と自分を比べてしまう人は、まず比べることをやめてみましょう。

「人は人、自分は自分」「違っていいんだ」「それぞれなんだ」と割り切って他人と関われるようになれば、ストレスも減ってきます。

無意味で、不要なプライドは捨て、アドバイスを受ける

自分が得意でないことについては、素直に他人からのアドバイスを受け入れられれば、今まで頑固に拒否していた他人の意見を素直に聞くことができ、いろいろなことを知ることができ、選択肢も広がります。

あまり必要でないときのプライドは捨て、まわりからさまざまなアドバイスをもらったうえで、自分の意見をまとめていけばいいのです。

7　相手の気持ちを大切にする（自分↓他人）

相手にも気持ちがある、だから相手の気持ちになって考えてみる

あたりまえのことですが、自分に気持ちがあるように、相手にも気持ちがあります。これまで、自分の気持ちやその悩みにフォーカスして考えてきましたが、それと同じようにそれぞれの人がそれぞれの悩みを持っているのではないでしょうか。

一度相手の気持ちになって考えてみると、相手が何を感じているか、どう思っているか、自然と見えてきます。

自分の気持ちを大切にするのと同じように相手の気持ちを大切にすることができれば、人間関係がうまくまわっていくようになります。そして、お互い気持ちよく暮らせて、幸せを感じられるようになります。

そういう心もちで毎日穏やかに暮らしていきたいものですね。

私がはじめて「人の心」について興味・関心を持ったのは、幼稚園の頃でした。

まわりの人間の「無神経な発言」「心ない発言」「デリカシーのない行動」「無意味でうっとうしいコミュニケーション」などが嫌で、「どうすれば嫌でなくなるか」「どうすればそんな気持ちに負けないか」「どうすれば相手の発言や行動を変えさせられるか」「どうすれば楽しく、楽に生きられるか」そんなことを子ども心に感じながら嫌々過ごしていました。

学生の頃は、学校で議長、委員長、部長、代表、会長などのリーダー役をやることが多く、いつも「まとめ役」「損な役」を引き受けて、人よりたくさん嫌な想いをしました。やはり毎日どうしようかと考える日々が続きました。

そんなとき、心理学の本を読むようになり、単純な心の仕組みや法則について理解しはじめ、だんだんとハマってきました。初めは「なるほど」と思うだけでしたが、「どうすればどうなる」という理屈がわかってくるにつれ、もっと学びたいと感じるようになりました。

そのうち、大学で心理学を本格的に学びたいと考えるようになり、感銘を受けた本を書いた先生に教わりたいと思い、その先生のいる大学を受けることにしました。実際に入学してその先生から直接教えていただき、ますます心理学・行動学が好きになりました。卒業後も社会人となった今も心理学が大変役立っています。

でも、実生活ではなかなか難しく、組織や対人関係にいまだに翻弄されています。ストレスでめまい、動悸、咳が止まらない、息苦しくなる、声が出なくなるなどの症状に時々悩まされています。

5章

「学び」のトリセツ

知りたいこと、楽しいこと、好きなことを自由に学ぶために「知る・考える・伝える」

1　学びとは何かを考える

「学び」とは

「学び」は私にとって、人生の楽しみ、ライフワークであるとともに、自分を助けてくれるツールでもあります。

まず、「学び」の目的や種類、学び方などについて、私の経験から少しお話したいと思います。

あなたにとって「学び」とは何ですか？

「勉強」という言葉を聞くと、何か学校で強制的に、そして受動的に行われる儀式のようなイメージをもつ人もいるかも知れません。

でも「学び」とは・・・、

学びは、「知的好奇心を満足させ、知恵や技術を修得し、人生を楽しく豊かに過ごすためにするもの」です。

私はこのように考えています。

学問の世界は自由です。人から強制されるものではなく、いつどこから始めてもよく、いつ終わっても、どこでやめてもよいのです。そして何を学んでもよいのです。

そして、私の中の学びの楽しみ、コツは次の３つです。

①知りたいこと、楽しいこと、好きなことを自由に学ぶ

自分が興味・関心を持ち「知りたいなぁ」と思ったこと、時間を忘れて「楽しいなぁ」と思うこと、ずっとやっていても飽きない「好きだなぁ」と思うことを自由に学ぶことが大切だと思います。

②「答え」ではなく「解き方」や「考え方」を学ぶ

いつでも、どんな場合でも解を導き出すことができ、たとえ直接的に解につながらないとしても、何らかの形で先につながり、そして何かに応用できるようになります。

自分の頭で考えることが大切です。

③学んだことを人に伝える

自分で学んだだけでなく、人のためになること、人に伝えることなど、常にアウトプットを意識して学ばないと、ただ「やっただけ」になってしまいます。

学んだことを自分の中で再構築して、何かの形でアウトプットしましょう。そうすると学ぶことがとても楽しくなります。

2　学びには種類がある

「学び」には種類があります。

一般的には「学習（勉強）」と「研究」の２つの種類に分類されています。つまり「人から習う学び『学

習（勉強）』」と「自分で考える学び『研究』」を意識的に区別します。

私はさらにそこに『大人の学び（自由な学び）』という第3の学びを加えて、学びをとらえています。

ではまず、一般的な2種類の学びの違いについてお話しましょう。

人から習う学び「学習（勉強）」

学習（勉強）とは、「知る」こと、「習う」こと、自分にとって新しい知識や経験を得ることです。言い換えれば、自分にとっての新しい知見を吸収することです。

学校の授業で教わることがこの代表で、「すでに過去に解明され、人類の知識として共有され、体系立てられたものを学ぶこと」「あらかじめ問いと答えが用意されており、解き方を知り、その解法を応用して幅広い問題に対応する力を身につけること」「すでにわかっていること、必ずあるはずのことを『探す』こと」で、自分の中に「インプット」するプロセスなのです。

「勉強になった」という言葉があるように、自分のためになることを学ぶことなのです。

自分で考える学び「研究」

これに対し、研究とは「明らかになっていないものを発見すること」「言語化されていないことやデータ化されていないことなど、未知の領域の発見のため、新しい技術を開発するために行うこと」「先人の研究成果などで学んだことを前提に自分独自の新しい発見や解釈、切り口を見つけること」「勉強を基にして先人が誰も見つけていない新しい何か、知らないことを自分が一番乗りで発見すること」です。

言い換えれば、世の中に存在していないことや、まだ知られていないことを「探る」ということで、「あるかどうかわからないもの」を見つけ出そうとすること。つまり、世の中のさまざまなことから「これが問題である」というテーマを見つけ出し、問題提起し、その解決策を見つけ出そうとするのが「研究」です。

大切なのは「自分で問いを立てる」という点で、「これまでにないもの」を発見するために、「何を問うべきか」「何に答えをだすべきか」というところから自分自身で考え、未知を探求する。昨日までなかったこと、今まで世界の誰もが知らなかったことを探す、いわば「世界にとって」新しい知識や考え方を与えるものでなければならないのです。

そこには得られた知識を発信するプロセスが含まれ、論文や学会発表という形でアウトプットされるのです。

『大人の学び（自由な学び）』という第３の学び

私は、子どもの頃から学生時代、大学院での研究室生活を経る中で、これら２つの学びを経験してきました。

そして、大人になってから、第３の学びがあることに気づきました。これは今まで経験した「つらい学び」と全く違うものでした。知的好奇心のおもむくまま、自由に楽しく学ぶのです。

自分の中で「いつ、どこまで、どう学ぶか」という学びの三原則というものを決めて学んでみました。

①学びたくなったときに学びたいことを学ぶ（いつ何を学ぶか）

学ぶことは人生の宝さがしです。知的好奇心には賞味期限があるので、好きなときに学びたいことを自由に学ぶことが大切です。

②自分の学びは「１００点満点」でなくていい（どこまで学ぶか）

自分のための学びは、学校の勉強と違い「１００点満点なんていらない」のです。ゴールや目的は自由に決めてよく、いつでも、どのように勉強してもよいのです。

③学びは「まねび」、真似することから始める（どう学ぶか）

「学び」とは「まねび」からきています。まずは「真似てみる」ところから始めましょう。基本はこれだけです。

難しく考える必要はありません。あとはどのように学んでもいいのです。自分の好きなやり方、手段、方法で学んでいきましょう。

3　習う学び（学習）の究極奥義「勉強術」

私たちにとって一番身近な学びは「習う学び（学習）」です。

そして、習う学びの究極奥義は、「習って、わかって、やって、できて、みんなに伝えて1人前」ということです。

「習う学び」にはコツがありますので、今までみなさんにお伝えした中から、「習う学び」に関する言葉を集めました。これらはかつて私が自分のために「勉強術」として書き溜めていたものです。もともと自分を励ましたり、戒めたりするために書いたものですので、少し過激な表現があるかもしれませんが、ご容赦ください。そしてこれらは、以前に書いた秘伝書や小冊子でも紹介していますので、もし参考になるものがあれば試してみてください。

習う学びの心がまえ・姿勢

①勉強は「背水の陣」で臨む。

勉強は「後がない」つまり「背水の陣」で臨まないと、いつまでも身につかない。時間も労力もかけ過ぎないように気をつける。

②勉強は「一期一会」で臨む。

そのことについては「今しか学べない」と思って真剣に学ぶこと。次があると思うと吸収できない。

③勉強すること自体が目的ではない。

勉強すること自体に意味はない。それが趣味であれば別だが…。何かをアウトプットする、ゴールのために勉強するのであるから、目的を見失わないようにする。

④100点を取らなくていい。合格点が取れればいい。

100点満点にこしたことはないが、物事を100％吸収するのは大変である。それよりも合格点をとって次のことを学んだほうが学びが豊かになる。

⑤明日テストに出ても必ず解けるように勉強する。

明日テストに出ても、その部分は必ず解けるように勉強する。もう一度やればいいと思っていると吸収されない。

⑥「答え」ではなく「解き方」を学ぶ。

「答え」が合うことではなく、それを導き出すための「解き方」を学び、「いつでも」「何度でも」答えに辿り着くようにしておく。

⑦いつもそのことを考えているようにする。

勉強時間以外もある一定期間はそのことをいつも考えているようにする。そうすると、ゴールや夢にどんどん近づいていく。

⑧「汗の量」は評価されない。「結果」を出した人だけがプロセスも評価される。

途中でかいた「汗の量」は結果を出して初めて評価される。結果を出さない者はプロセスも評価されることはない。

⑨身銭を切って勉強する。

勉強は自分のお金でしよう。どれだけ大切なお金、どれだけ大切な時間かがわかっていないと、きちんと身につかない。

⑩テキストから回収できなかった知識はあきらめる。

テキストから吸収できなかった知識はきっぱりとあきらめてしまおう。自分には縁がなかったのである。そのぐらいの覚悟で学ぶ。

習う学びの方法

①まずフレームをおさえる。

勉強を始めるときは、まずフレームや全体像をおさえる。そのことにより、地図と同じように自分の勉強している位置がわかるのである。

②参考書は３冊に決める。

参考書は３冊見比べて、同じことが書いてあれば、その分野で必要なことである。それ以外は捨てて、共通項の重要な部分を優先的に吸収しよう。あとはいくつやっても同じことである。

③同じテーマの勉強をまとめてする。

同じテーマの勉強をまとめてやると「共通項」が見えてくる。そこを優先的に吸収すると要点がおさえられる。そして頭の中もすっきりと整理される。

④予習8割、復習2割。

予習中心に勉強するとゆとりができるので、先行逃切りで積極的に攻める。わからないところは、本番で確認する。

⑤まず目次をおさえる。

まず目次を俯瞰して、どのようなことを勉強するか、どのような構造になっているか、どのくらいの配分なのかを確認してから勉強を始める。

⑥テキストは終わったら手放す。

テキストはいつまでも持っていると「いつでも勉強できる」と思ってしまうので、勉強し終わったらすぐに手放す。吸収できなかったことは「また今度」と考える。

⑦興味のあるところから始める。

人間のモチベーションは冷めやすい。興味のあるところから始めて、とにかく先に進む。

⑧「型」を覚える。

物事には「型」がある。まず先人の知恵である「型」を覚えて、少しずつ自分のスタイルに変えていけばよい。最初から「我流」でいくのは遠回り過ぎる。

⑨道具を使いこなす。

質のよい道具を手に入れ、十分に使いこなすことにより、勉強の効率があがる。

⑩ゴールから逆算してルートやペースを決める。

ゴールから逆算して進むルートやペース配分を決める。決して闇雲に進んでいったりしない。最適なルート、配分が見つかるはずである。

⑪道しるべごとに自分に「ごほうび」をあげる。

ゴールまでの途中に「ごほうびポイント」をつくっておく。その道しるべに辿り着いたら、自分に「小さなごほうび」をあげる。それだけでがんばれるものである。

⑫ゆるいスケジュールを立てる。

スケジュールはあまり綿密に立てないようにする。むしろゆるいほうが挫折しないですむ。

⑬いいコーチに短期間だけ教えてもらう。

最初の部分はいいコーチに見てもらい、方向性や勘所を教えてもらうとよい。闇雲にはじめても徒労に終わるだけである。

⑭人の時間を買う。

勉強するときは、人の時間を積極的に買おう。参考書、本、セミナー、教材、道具、講師など買えるものはどんどん買って効率よく自分のものにしよう。

⑮まとめて数十時間集中的にそのことを学ぶ。

そのことついて、モチベーションが高いうちに、まとめて数十時間勉強してしまう。どっぷりつかるとなんとなく見えてくるものがある。

習う学びのつき合い方

①勉強を習慣にしてしまう。

勉強すること自体を「習慣」にしてしまう。3週間ぐらい続けると自然と慣れてくるので、まずはそこまでがんばってみる。

②初めはわからなくても、そのうち紙にインクをたらすように見えてくる。

初めは内容がわからなくても、進めていくうちにだんだんそれぞれの断片がつながっていくので、やがて少しずつ全体が見えてくる。あれこれ考えずにどんどん先に進む。

③勉強は「3日坊主」「7日坊主」「20日坊主」

勉強は慣れたり習慣になるまで時間がかかるので、「3日坊主」「7日坊主」「20日坊主」でよいと考え、少しずつ習慣づけて、まず3日、次に7日、そして20日、と記録をのばしていく。20日間続けば習慣となったといえる。

4 インプット・熟成・アウトプット

学びはインプット・熟成・アウトプットの3つのフェーズ、プロセスが大切です。

インプット

見る、聴く、知る、教わる、調べる、やってみるなど、知識の部品を集めるフェーズです。ある程度の部品をあらかじめ集めておかないと次につながらないので、まずは知識を集めてみましょう。ただし、闇雲に数や量を多く集めるのではなく、ある程度の種類や質のよい知識をバランスよく集めることが大切です。

たとえば、昔は出版社が認めた書籍や学会の査読を通った論文など、科学的に根拠のある知識を中心にインプットしていましたが、今ではインターネット、マスコミ、ＳＮＳなどで簡単に手に入る玉石混交のデータによりインプットしてしまうことも多くなりました。

筋の悪い知識や誤った知識、信憑性のない知識をインプットしてしまうと、そこから生み出される結果は決して「質のよいもの」になるはずがありません。

ですから、インプットのときにどのように知識を吸収するかが大切なのです。

熟成

これは設計図をつくるプロセス、インプットした知識や経験などを融合、つまりフュージョンし、そこから新しい価値を創るプロセスです。

自分の中で、アイディア、発想、想いなどを調味料やスパイスのように加え、調理し、自分なりのオリジナル作品を創造していくのです。

単にインプットしたものを「右から左へ」アウトプットするのでは意味がありません。ただの「受け売り」になってしまいます。これでは「学んだ」ことにはなりません。

実は、学びの楽しさ、醍醐味はこのプロセスにあるのです。興味・関心があることについていろいろと知識を得て、何か新しいこと、誰も知らないこと、自分だけのオリジナルの考えをまとめて熟成させていくのです。こんなに楽しいことはありません。

ここを逃すと「学びの楽しさ」は半減してしまいます。これは先ほどお話した「研究」につながるものなのです。

アウトプット

そして、最後がアウトプットというプロセスです。人に伝えたり教えたりすることにより、自分の学びを固めていくことで、おもに書く・話す・発表するなどの手段で人に伝えていきます。

本を書いたり、講演をしたり、学会などで発表することにより、人の目にふれること、つまり公開することにより、批判を受けたり、質問を受けたりして、「揉んで叩いて」の荒波にさらされるわけです。

これによって、学びが完結するわけです。

学びの世界は自由で、自分自身で好きなように創っていけばよいのですが、このアウトプットがあることによって達成感や満足感を得られるようになるのです。

5　本の読み方・つき合い方

今日の読書が明日を拓く「本を開くことは人生を拓くこと」

次に、本から学ぶということについて少しお話ししたいと思います。人から学ぶのと同じように、本は私たちにいろいろなことを教えてくれます。

人から学ぶということは、同じ時代、同じ地域に双方が同時に存在し、時間と空間を共有していることが前提となります。現在では、サイバーネットワークが発達しているので、遠隔での交流ができたりしますが、基本は「時間と空間の共有」が前提となります。

ところが、本は違います。違う時代、違う地域、違う言語などを超えて語りかけてくれます。むしろ、学ぶということにおいては、本が先生になることが多いのではないでしょうか。

そういう意味で、「学び」のトリセツに敢えて「読書」を入れてみました。

私の読書ライフ

本は物語でも実用書でも、「書いた人の人生や体験」を「本という媒体」を通して一瞬にして受け取り、「共有・追体験すること」ができるツールです。

そして著者の人生を追体験、この世にいない人とも逢うことができる、ある意味、時空を超えても伝えることのできる一種の「タイムマシン」である、とも言えるのではないでしょうか。

本は友達、本は先生、そばにいて語り合ったり、人生の師になったりするツールです。

私の読書ライフでキャッチフレーズのように掲げているのが、次の3つです。
①「本を開くことは人生を拓くこと」
本には人々の知識や知恵、経験などがつめ込まれています。それを読むことにより、私たちは、一瞬にしてそれらを得ることができます。ですから、自分の人生を豊かで楽しいものにするために本を読みましょう。
②「本は人に貢献するために読む」
本はただ読んで終わりにするのではなく、インプットした知識、知恵、経験などを実践、アウトプットし、まわりの人たちに貢献していくために読みましょう。
③「本との出会いは一期一会」
本とは、書店の棚、図書館、人からの薦め、書評、広告など、いろいろな出会いがあります。チャンスを逃さない、一期一会のフローと考えましょう。

「目に留まる」ということは、自分が何らかの関心を持っていたり、問題意識を持っているということであり、何かの縁があるのです。

ですから、目に留まったらすぐに手に取りましょう。そして、すぐに読み、得られた知恵を実践しましょう。

もしそのときに吸収しきれなかったことは、潔くあきらめ、本を手放しましょう。

読書には「正解」や「ルール」はないと思います。それぞれの人がそれぞれのスタイルで楽しめばよいのです。

ただ、せっかくこの世に生まれてきて、「本」という素晴らしいアイテムに出逢えたのですから、できるだけ楽しみ、充実した人生の糧にしていきたいものです。

6　3つの読書・人生読書、実用読書、楽しみ読書

読書には３つの種類があります。私は、人生読書、実用読書、楽しみ読書の３つの読書に意識的にわけて、それぞれ目的に合わせて楽しむようにしています。

人生読書　「考える読書」

まず最初に『人生読書』です。これは考える読書です。

自分の生き方や人生などについて考える機会を与えてくれる本との出会いがこれにあたり、本を先生・人生の師として、お手本にしたり、型を学んだりすることが目的です。

同時代の本だけでなく、過去の人たちの人生経験も疑似体験できます。これらを参考にして、自分はどう生きるか、今後どうしていくかについてじっくり考えていき、人生を変えるきっかけとな

る場合もあります。

実用読書　「答えを出す読書」

次に『実用読書』です。実用読書の最大の目的は、「課題の解決」です。

今、目の前にある課題に対して、世界中の智恵、過去の経験、人類の英知を使って答えを導き出すことができます。

また、本を買うことにより、「時間を買う」、「経験を買う」、「ノウハウを買う」ことにつながり、より短時間で、より効率的に、より高度な答えを導き出すことが可能となります。

マニュアル本やハウツー本、参考書や問題集、ビジネス書や資料集などがこれにあたります。

楽しみ読書　「楽しむ読書」

最後は『楽しみ読書』です。好奇心を満足させたり、想像力をかきたてるような読書です。

たとえば、趣味の本、物語や小説、絵本や童話など、好きなことや興味・関心のあることなどを楽しみのために読むのがこの読書です。

いわば「読書自体を楽しむ」ということになるのです。

この読書は、何度もくり返して読んだり、好きなところだけを読んだり、一生その本を手元において楽しむこともできます。まさにライフワークのような読書です。

7　本はインプット、再構築、そしてアウトプット

次は、読書をするときの３つのフェーズ（段階）について考えます。

第一段階は「インプット」

まず、本を読んで自分の中にその内容を取り込んでいく段階です。

大切なことは、本を読む目的や目指すゴールを意識し、それに合った読み方をすることです。「考える読書」なのに斜め読みしたり、「答えを出す読書」なのに余計なところをじっくり読んだりするのは適切な読み方ではありません。

必要十分なエッセンスをきっちりと自分の中に取り込みましょう。

第二段階は「再構築」

読んだ内容、取り込んだエッセンスを自分の中で熟成させ、再構築する段階です。

大切なことは、すべてのことを１００％そのまま忠実に複写するのではなく、必要なことを厳選し、使いやすいように再構築することです。自分の中できっちりと咀嚼して自分の棚に格納し、「来たるべきとき」に備えて、いつでも取り出しやすいように準備しておきます。

最後の段階は「アウトプット」

読んだ内容は、何かに活かすことが重要で、「自分のため（未来を拓く）」、「人のため（貢献）」など、外に向けて何らかの形で発信するフェーズが最も大切です。

本を読んだら、最終的には何らかの形でアウトプットし、形に残しましょう。

8　読書術　30のヒント

では、最後に私の読書ライフのエッセンスを紹介しますので、読み方、心がまえ、活かし方など何か参考になるものがあれば、試してみてください。

これも勉強術と同じように、自分用に書き溜めた言葉なので、若干過激な表現、行き過ぎた表現があるかもしれませんがご容赦ください。

〔図表4　読書術30のヒント〕

①本は一期一会、気になったら手に入れる。

本との出会いは一期一会である。気に入った本はその場で読むか手に入れる。そのときに手に入れないともう一生出会うことがないかも知れない。「あとで」はない。

②本は「読みたいところから」読む。

本はまず「読みたいところから」読む。読みたくないところ、興味のないところは最初に読まなくてもいい。いちばん関心のあるところを最初に読む。

③本は「読みたいところだけ」読む。

本は「読みたいところだけ」読む。読みたくないところは読まなくていい。一番関心のあるところを確実に吸収することが大切である。

④今読まない本は、後でも読まないので手放す。

今読まない本は、そもそも興味・関心がないので、後でも読まないことが多いので、その段階で手放す。

⑤自分の頭や心の本棚は半分空けておく。

本棚は次の興味・関心領域の本が入りやすいように、常に半分空けておく。

⑥本はアウトプットのために読む。

本はアウトプットのために読む。インプットしているだけでは決して熟成しない。

⑦関心のある分野の本をまとめて 10 冊読む。

関心のある分野の本をまとめて 10 冊読むと、ある程度の知識が一度に身につく。それらの本の共通部分は普遍的な知識となる。

⑧本の内容は、そのとき吸収できなければ「あきらめる」。

本の内容は、そのとき吸収できなければ、また次に必要なことは必要になったときに覚えることとし、「縁がなかったもの」としていったん「あきらめる」。

⑨週に何度か本屋や図書館に立ち寄る日を決める。

週に何度か本屋や図書館に立ち寄る日を決める。すると、自分の興味・関心にあらためて気がつき、頭の中が整理される。可能であれば、本を読んで、同時にインプットしてしまうとよい。

⑩本のためのお小遣いを準備する。

本との出会いは一期一会なので、いつでも買えるよう、本のためのお小遣いを準備する。そこで手に入れられなかったことによる損失は大きい。

⑪本のエッセンスはメモしておく。

本のエッセンスはアウトプットするときのために必ずメモしておく。自分の中で熟成され、アウトプットのときに役立つ。

⑫本から学んだことはすぐに実践してみる。

本から学んだことはとりあえず、すぐに実践してみる。実践してみて有用なものは続けてみる。

⑬本は「折ったり」「書き込んだり」「ちぎったり」していい。

本は自分の身につけるために「折ったり」「書き込んだり」「ちぎったり」していい。そのために手に入れておくことが大切である。

⑭本をいつも持ち歩く。

自分の関心のある分野の本をいつも持ち歩くとなんとなくその分野が気になり、頭の片隅で考えるようになる。そのこと自体が熟成の過程となる。

⑮本の目次は必ずチェックする。

まず目次を俯瞰して、どのようなことが書いてあるか、どのような構造になっているかを確認してから読み始める。すると頭の中で課題が整理される。

⑯本から「ライフスタイル」を学ぶ。

本は書いた人の「生き方」「ライフスタイル」を学ぶのに最適である。よいと思ったこと、よいことはどんどん真似してみよう。

⑰本は原則「手放す」。

本は持っていると「いつでも読める」と思ってしまう。自分のものにするには原則「手放す」ようにする。「背水の陣」効果がある。

⑱人から勧められた本はとりあえず読む。

出会いと一緒で、人から勧められた本はとりあえず読む。読むと進めてくれた人の人生観、価値観などがわかってくる。途中で合わないと思ったときは、すぐにやめればいい。

⑲本は自分で買う。

本は身銭を切って自分で買う。決して人のお金で買わないこと。そうしないと真剣勝負でなくなってしまうのでなかなか身につかない。そしてその本がどのくらいの価値があったかもシビアにみることができる。

⑳入門書は薄いほうがいい。

入門書は概要を把握するために使うので、なるべく薄いほうがいい。薄いものでまず全体像を把握してしまおう。それから必要に応じて次のステップの本を手に入れればいい。

㉑「自分のバイブル」となる本を探す。

読んだ本の中で、「自分のバイブル」となる本を探す。そしてそれは手元に残して何度も読みかえす。

㉒本の情報は 1%使えればよい。

「本の情報は 1%使えればよい」と考える。すべてが役に立つ本などはない。むしろ、そんなに役立つ情報があったのかと喜んだほうがいい。

㉓家の本棚で「立ち読み」してみる。

家の本棚で「立ち読み」してみるとあらためて自分の興味・関心の方向性がわかる。また、思わぬ発見をすることがある。そういう本が見つかったら、あらためて読み直してみるといい。

㉔無駄な定期購読は中止する。

定期購読は自動的に送られてしまうので、１冊ずつ内容を吟味していない。無駄な定期購読は中止する。つき合いや惰性で多くの本を読むのはあまり得策ではない。

㉕業界紙に目を通す。

自分の関係する業界紙に目を通し、トレンドをおさえておく。特に実用読書においては、「基本的なこと」「トレンド」をおさえておくことによりアウトプットの質が格段にあがる。

㉖今日手に入れた本は、今日のうちに一気に読む。

今日手に入れた本は、最もモチベーションが高い今日のうちに一気に読む。すると吸収率も最高に高い状況で読むことができる。多少の時間超過もよしとする。

㉗本のカバーははずして読む。

本を一気に集中して読むために、本のカバーははずして読む。滑ったり、引っかかったり、落としたりしないようにカバーをはずし、挟まっているはがき、しおり、帯や付録もはずしておくこと。

㉘「本を買うこと」は「人生のノウハウを買う」ことである。

「本を買うこと」は「人生のノウハウを買う」ことである。そこに書いてある著者の人生で得た知識、経験、失敗などのノウハウを一瞬にして追体験できるタイムマシンのようなものである。

㉙本は「折りながら」読む。

本は後から検索しやすいように、関心のあるところ、役に立ちそうなところを「折りながら」読む。すると重要なことがらを逃さず、スピーディに読み返すことができる。

㉚自分なりの読書メモをつくって人生の糧にする。

本を読んだら、自分なりの読書メモをつくって人生の糧にする。あとで読み返すと、自分に「ありがとう」という気持ちになるときが必ず来る。

余談ですが、私は子どもの頃、科学者になりたいと思っていました。天文や自然の摂理の分野が大好きで、図書館や本屋さんでずっとそんな本を読んでいました。

将来の夢は、研究をして、論文を書いて、本を書いて、大学で教えて、講演をして、「習う学び」「教わる学び」から「自分の研究」へ、そしてその成果を人に伝えることを想像していました。

今は研究職にはついていませんが、社会人になってからもいくつか大学院に通い、学生時代、研究室で研究していたことの続きに近い分野や新たに興味・関心を持った分野などについて研究しています。将来はまた研究を続けることができる環境に身を置きたいと思っています。

また、最近とても気になっているのが、大学が「社会のニーズ」、「学生や親のニーズ」、「世界の動向」などと言って、実学や会社ですぐに使えるようなスキル・能力を中心にカリキュラムを組んだり、学部学科の再編成を行う傾向があることです。もちろんそれも1つの「学びの形」ではあると思いますが、私はそれだけではいけないと思っています。

学生たちが学びの楽しさを知り、「学習」から「研究」への橋渡し、背中を押してやるのが大学の役目であり、存在意義だと思うのです。

単に教科書から答えのあることを学ぶことから、興味・関心を持った自分なりのテーマを見つけ、考えて、独自の結論を出す。そうなれるようサポートし、見守るのが大学の大きな役目なのです。

現在は、「経営・存続」という厳しい舵取りをせまられていますが、そういう本来の大学にはやくたちもどって学生たちと向き合いたいと思います。

6章

「時間」のトリセツ

1　時間の見方・とらえ方を見直す

時間とは

「時間」といっても科学や哲学などで扱う「学術的な時間」の話ではなく、「自分の時間」という身近な時間を考えていきます。

科学や哲学などの時間研究は、日本時間学会という学会があるぐらい盛んに研究されていて、物理学、脳科学、生理学、医学、心理学、生物学、社会学、文学、哲学などあらゆる分野で研究がなされています。私も会員になっています。

時間とは、人間の頭の中で創り出された創造物であるかも知れませんが、ここでは私たちにとってのもっと身近な時間について考えていきたいと思います。

普段私たちが時間をとらえるとき、「現在・過去・未来」「昨日・今日・明日」「年・月・日」「時・分・秒」といったくくりや単位があり、あたりまえのように認識していますが、本当にこの宇宙に「普遍的な時間」というものが存在するかどうかすらも、その真実・真相は人間にはまだわかっていません。

でも、「自分にとっての時間」は自分自身が生きている間だけ確かに存在し、必ず与え続けられます。これは「事実」です。

その「限りある時間」、「いつ終わってしまうかわからない大切な時間」というものをどう活かしていくかが人生の大きなポイントとなるのです。

ですから、ここでは、難しいことではなく、「人生における大切な時間」について考えていきましょう。

時間は命

私はいつもみなさんに「時間は命と同じである」と伝えています。

それは「生きている間しか自分の時間はないから」です。

「みんなの時間」（物理的な時間、宇宙の時間、普遍的な時間）はずっと存在しています（?）が、「自分にとっての時間」「自分が自由に使える時間」はこの世に生まれた瞬間から、あの世に旅立つ瞬間までの間しかないのです。

しかも、「ものごころ」がついて、自我が目覚めたときから、心身ともに元気でいられる間しか「実質的な自分の時間」はないのです。その間でも「眠っている時間」や「仕事している時間」など自由に使えない時間が多くあり、私たちは「時間・命を売ってお金を稼いでいる」ことになります。

そのとき「あなたの1時間はいくらか」考えたことはありますか?

ですから、「時間は命」なのです。今の1時間も死ぬ前の1時間も同じです。死ぬ前の貴重な1時間をあなたはいくらで売り渡しますか?

ですから時間を大切にしましょう。

時間の使い方は生き方をあらわす

命と同じ大切な時間を何にどれだけ時間を費やすか、それはその人の生き方をあらわしています。私は「ワーク・ライフ・パーソナルバランス」という切り口で考えるようにしています。くわしくは、「7章　人生のトリセツ」で取り上げていますので、人生のトリセツを読んでみてください。

時間の不思議な性質

具体的な時間の使い方の話に入る前に、まず時間の不思議な性質について考えてみましょう。

誰もが「あたりまえ」と思っていることですが、時間のことをよくよく考えてみるととても不思議でミステリアスなのです。

時間というものについては、これまで人類があれこれ考え、悩んだり、苦しんだりしてきました。そして、「喜び」や「悲しみ」を生み出し、多くの物語や劇、映画、歌、詩などの芸術にもなっているくらい身近なものなのです。

とても身近なものなのに、なかなか自由にならないのが「時間」です。これからあなたは自分や家族の幸せのためにこの不思議な時間と向き合っていかなければなりません。

では何が不思議なのか、1つひとつその性質について考えていきましょう。

時間は誰にでも平等…「いつでも」「どこでも」「誰にでも」物理的な時間は一緒

忙しい人がいたり、暇な人がいたり、「時間はみんなに平等じゃない」と思うかも知れませんが、単純に物理的な時間ととらえると、１日、24時間、１４４０分、８６４００秒は誰にでも平等に与えられているものであり、どこにいても、どんな状況でも平等に与えられています。

仕事中でも休日でも、旅行中でも、（あるいは冒険中、洞窟に閉じ込められていても、大空を飛んでいても、草原を自由に駆け巡っていても、）病気でも、元気でも、大人でも、子どもでも平等です。

つまり「持ち時間」は一緒なのです。その日がくれば、そして生きてさえいれば「１４４０分」が自動的に与えられます。

たとえば１日１４４０円の給料やお小遣いをもらってどう使うかを考えるようなものです。その中から税金分として、睡眠、食事、身支度、風呂、トイレなどの生活時間、仕事、家事、育児、通勤などのワーク時間が差し引かれ、それを除いた時間から家族との時間や個人の時間を捻出していくことになります。

１日のうち使える「可処分所得」は人により、状況により違うので、それを工夫するために使うのが時間術なのです。いかに使える時間を増やしていくか、そしてその時間を有効に使うかが大切になってきます。

ただし、困ったことにこの１４４０分の時間は翌日に繰り越しがきかないという性質を持っています。積極的に使わなくても「自動引き落とし」のように刻一刻と差し引かれていくのです。

ですから、「1日の持ち時間は1440分である」と強く意識してください。

また感覚として、1日を「24時間」と考えると10分がたいしたことないように感じますが、「1440分」と考えると同じ10分でも貴重な時間に感じられ、自然と大切に使うようになるので、今まで「1日は24時間」と意識していたと思いますが「1440分」と考えるようにしましょう。

自分の時間の感覚や目盛りを少し動かしていくと、時間の流れに敏感になり、より時間に注意が向くことによって、もっと時間が大切に思えてくるのです。

たとえば朝6時に起きる人は、6時間分、つまり360分、さらに言い換えれば1440円のうち360円分をすでに差し引かれているということになります。たいへんなことですよね。

休みの日の朝、あなたは何時に起きていますか。朝寝坊をしていませんか。時々起きたらもうお昼なんてことはありませんか。

時間はだれにでも平等に与えられますが、繰り越すことはできません。

時間の流れは元に戻らない…流れてしまった時間は戻らない

これも今私たちの生きている世界ではあたりまえのことですが、時間を使っていく上では強く意識しておくべき大切な性質です。

映画や物語の世界によくある「タイムマシンで戻って…」などというSF的なことではなく、「やり直せない」「元には戻らない」という意味でとらえてください。

言い換えれば時間は「ワンチャンス」という意識を持っていただければと思います。

ゲームではリセットボタンを押したり、セーブしたところからやり直ししたりできますが、現実の世界ではそうはいきません。

タイムマシンやゲームのリセットボタンのことを考えるより、そのときそのときを真剣勝負していくことをおすすめします。

そして「やり直せばいいや」「また今度でいいや」と思っていると、結局取り組み方が甘くなり、よい結果に結びつかないのです。それよりも限られた時間をしっかりと意識してとらえ、自力で精一杯ゴールに向かいましょう。

「タイムマシンで戻った先の『過去』は自分にとっては『今』なのである」というパラドックスがありますが本当に元に戻ってやり直すことはできません。

「今」を大切に生きましょう。過去は変えることができませんが、今動けば未来が変わります。

人生の残り時間は減る一方…決して増えることはない

誰もがそうですが、少なくとも「生まれてから今まで生きてきた分」だけ寿命が短くなっています。

言い換えれば「使った分だけ持ち時間が減っている」ことになります。

全部でどのくらい自分の持ち時間があるかは自分ではわかりませんが、確実に減り続けているのです。

たとえその日に何もしなくても全員が平等に減り続けるのですから、積極的に使ったほうが、そして同じ使うなら「楽しく」「有効に」使ったほうがよいわけです。

先ほどお話ししたように、少なくとも1日1440分の持ち時間は次の日には持ち越せないので、今日使うしかないのです。

それなのに今日何もしなくてよいのでしょうか。時間は物理的には増やすこともできませんし、未来にとっておくこともできないのです。

全体の長さはわかりませんが「命のろうそく」はどんどん燃えて短くなっていく一方です。だからといって、「自分の『命のろうそく』はあとどれくらい残っているのだろう」と毎日「うれいても」どうにもなりません。

また、自分の「命のろうそく」の長さ、つまり残りの寿命がわかってしまったら、そのことばかり気になってしまうでしょう。「どうせあと少しだから」とやる気がなくなってしまう人もいるでしょう。

だからむしろ、わからない方が幸せなのかもしれません。

いずれにしても、確実に減り続けていることには違いないのですから、「今、そしてこれから」をどう生きるか、どう時間を使うかに着目したほうがよいのではないでしょうか。決して増えることはありません。

自分の時間はいつ終わるかわからない…だから真剣勝負

「自分の時間はいつ終わるのかわからない」これもあたりまえのことです。もう少し細かく言えば、「自分が使える時間は生きている間だけ毎日平等に与えられている。そして生きていれば毎日支給される。でも、それがいつ終わってしまうのかは誰にもわからない」ということです。ある日突然予告もなしに急に終わってしまうのです。

自分の時間が終わる瞬間、あるいは終わる直前に「やっぱりあれもしたかった、これもしたかった」「あれをやり残した」「やっておけばよかった」などと考えても悔やみきれません。走馬灯のようにあれこれ想いが巡るでしょう。ですから日々真剣に生きなければいけないのです。

じつは、私は生まれたときに、ほとんど仮死状態に近い状態でした。命が助かったとき、家族や親類からは「儲けものの命」「二度授かった命」などと言われました。

私自身「この幸運にも与えられた大切な命」を真剣に生きたい、また大切に生きざるを得ないと考えています。

そして、せっかく拾った命なら、自分のためだけに使うのではなく、まわりの人も幸せになっていただきたいと思って本書を書いています。

仮に事故や病気で不自由していても、現在の生活が苦しくても、今使える時間があまりなくても「いつ終わるのかわからない命」を大切に使ってほしいと思います。

なぜなら、今私たちは生きていて毎日必ず１４４０分の時間が与えられる権利をもっているのですから。

時間は伸び縮みする…心・身体・環境で時間の感じ方が変わる

アインシュタインやホーキング博士の理論の話をしているのではありません。

みなさんもよく経験することだと思いますが、自分の気持ちや置かれている状況によって、時間の感覚が伸び縮みし、「もうこんな時間」と感じたり、「まだこれだけしか経っていないのか」と感じたりすることがあります。これには諸説あり、さまざまな分野の研究者たちがいろいろな見解を出しています。

たとえば、「時間への注目の仕方により、時間の流れの感じ方が変化する」「大人と子供の時間の感じ方は異なる」「病気のときは時間の流れがゆっくりしているように感じる」「命の危険にさらされているときはスローモーションのように感じる」「動物は身体の大きさにより呼吸や心拍の数が異なり、それにより時間の感じ方やまわりの動きの見え方、寿命が異なる」といったような研究がなされており、学会でも様々な角度から活発に議論されています。

経験的にもわかると思いますが、時間は自分が置かれた状況で「ものさし」自体が伸び縮みするので感じ方が変わるのです。忙しいときとゆとりがあるとき、朝と夜、平日と休日など、その状況により「ものさし」が変わったように感じ方が変化します。つまり主観的には時間は伸び縮みするものなのです。

そのことを理解していれば、それを逆手にとって気持ちや環境・状況を調整し、ゆとりある時間を過ごすことが可能となります。そして、準備、ダンドリ、手順などをうまく行うことにより、ある程度自分自身の時間の流れを自在にコントロールすることができるのです。

このようにあたりまえのような「時間の性質」をあらためて確認してみると、何か自分自身の中に少し見えてきたものがありませんか。そして、「時間を大切にしたい」という気持ちになってきませんか。

2　時間術だけではなぜうまくいかないのか

誰もが失敗している時間術

なぜ時間術だけでは失敗するのか…3つの理由

これからあなたに3つの質問をします。

「ああ、時間がない、もっと時間があったらなぁ」「もっと時間を上手に使えたらいろいろなことがうまくいくのになぁ」と思ったことはありませんか。

そして、「じゃあ、時間術やタイムマネジメント、ライフハックの本や雑誌、ブログを読んでみよう」と読みあさったことはありませんか。

それで結局「やってみたけど全然うまくいかない、自分には向いてないのかも知れない」とあきらめてしまったことはありませんか。

　きっと一度や二度経験があるのではないでしょうか。

　そんなあなたにお伝えしたいことを本書に書きました。私も以前は時間の使い方について同じようにあれこれ悩み、試行錯誤をくり返していました。「能率」「効率」「時短」・・・、本や雑誌、インターネット情報などを読みあさり、手当たり次第やってみました。でも、なかなか効果があがりませんでした。

　そしてあるときふと思い浮かんだ疑問がありました。それは、「自分は何のために時間を使いたいんだろう」という単純な疑問です。単純なのですが、なかなかその答えが見つかりませんでした。考えるたびに「○○のため」「○○したいから」「○○になりたいから」・・・といろいろ出てくるのですが、「じゃあ、それは何のため」とくり返し自問自答をしていくと、結局「???」となってしまいました。

　そのうち、落ち着いてじっくり自分の心に素直に向き合いながら考えていくと、
①好きなこと、やりたいことをする時間を持ちたい
②家族（大切な人）との時間を持ちたい
③ゆったりとした気持ちになる、ゆとりの時間を持ちたい
　という3つの想いに辿り着いたのです。
　そしてそのとき「ああ、結局自分はこういうことがしたいんだ」「こういうふうに過ごしたいんだ」

ということに気づくと同時に、自分の「ゴール」や「想い」を強く意識するようになりました。

そして、それまで小手先のワザやテクニックだけに頼って「能率」「効率」「時短」などとあれこれやっていた自分が少し滑稽に思えてきました。

あなたはどうでしょうか。少しの時間、自分の心の中に深く問いかけてみてください。私と共通点はありませんか。共感していただけることはありませんか。もし何か思いあたったらこのまま読みすすめてみてください。きっといろいろな「気づき」や「ヒント」が見つかると思います。

「本当の自分は何をしたいと想っているのか・・・」

「はっきりとしたゴール」や「強い想い」を持っていないから

なぜ時間術だけでは失敗するのでしょうか。

それは「時間があったら何がしたいか」そして「何のためにしたいのか」が明確でないからです。

つまり、「はっきりとしたゴール」や「強い想い」が見えていないから流されてしまうのです。

そして小手先の「ワザ」や「テクニック」だけに頼るから成果があがらないのです。

まず「はっきりとしたゴール」を決めないとどこに向かってよいかわかりません。

あたりまえすぎて「ゴールを決めないで動き出すわけない」と思うかも知れませんが、普段私たちはよくこのようなことをしてしまいます。あなたにも経験がありませんか。もっとも多いのが「語学」「勉強」「トレーニング」です。「まわりがやっているから」「何かよさそうな気がする」「やったほうがよいかな」といった「なんとなく」の気持ちで始めてしまうと三日坊主で終わってしまいます。「何がしたいのか」しっかり「自分ごと」としてゴールを決めましょう。

また「何のためにしたいか」という「強い想い」が重要です。

たとえば、同じ「旅行に行く」という行動でも、その時々で「想い」が違うことがあります。先ほどの「私の本当の3つの気持ち」をあてはめてみると、いずれも「旅行に行く」という行動につながるのですが、「何のため」ということを考えるとその「想い」が違う場合があるということに気づくと思います。

自分の「好きなこと、やりたいことをする時間を持ちたい」のか、「家族（大切な人）との時間を持ちたい」のか、「ゆったりとした気持ちになる、ゆとりの時間を持ちたい」のかにより、計画やダンドリが変わってくるのです。このうち今回の旅行はどういう「想い」で行くのか、それを強く持ちましょう。

「〇〇術」は単なるワザ

そして、「時間術」というのは、単にその間をつないでいく手段、方法、技術なのです。いろいろなワザ、テクニック、方法論、ツールがありますが、結論としてはどれを選んでもよく、その中から自分に合ったものを選べばよいのです。

ただ「ワザ」や「テクニック」に頼るだけでは失敗します。つまり単に「時間を節約する」「時間をつくる」「時間を上手に使う」だけでは「ゴール」も「想い」もないので、その時間を使って「何がしたいか」「何のためにするのか」をきちんと考えることが大切です。

また時間術それ自体が目的化しないように気をつけなければいけません。そして時間術を使ったことだけで満足してはいけません。

私たちは、「時間をうまく使うために生きている」のではありません。

いくら本やマニュアルを読んで時間をうまく使うことを覚えても、そのこと自体を目的やゴールにしているのでは本末転倒です。自分の本当のゴールをしっかり見きわめましょう。

もう一度言います。「楽しくよりよく生きる」ために「時間を使う」のであって、「時間をうまく使うため」に「生きている」のではないのです。

じつは、時間術以外の他のライフハックスの分野でも同じようなことが言えるのです。

いくつか例をあげてみると、

「モノと道具の使い方術」では、モノや道具は単に持っているだけでは意味がなく、それを使って何かを成し遂げるために道具を使うのです。

「片づけ・整理術」では、単に片づけたり捨てたり整理するだけでは意味がなく、モノを使いやすく、そして生活しやすくするためにします。

「人づき合い術・人脈術」では、ただやみくもに名刺をたくさん集めるだけ、ブログやSNSで知り合いを増やすだけでは意味がなく、それを人生に活かし、お互いを豊かにすることが大切です。

「読書術」では、単に本をたくさん読むだけではなく、読んだ本をどう自分の人生に活かしていくかが大切です。

「勉強術」では、ただ勉強して何かを覚えるだけではなく、どう次の知恵につなげていくかが大切です。

このように、「ゴール」や「想い」がなく、ただワザやテクニックに頼ると、時間術は失敗に終わります。

やることが多すぎて小手先のワザでは歯が立たない

時間術がうまくいかないもう1つの原因は「やることが多い」ことです。

今のあなたは「とにかくやることが多い」のです。

「毎日バタバタしていて、時間術を使って「睡眠を減らしても」「スキマ時間を有効活用しても」「デジタルツールを活用しても」「手帳を色分けしても」なかなか楽にならない、仕事が忙しいから家に帰ったらもうヘトヘトで家のことをやっているヒマがない、散らかし放題でましてや自分の時間なんて持てない、という状態におちいっていませんか。

それなら一番大きな「仕事」を減らしましょう。

「そんなことできるわけない」「納期もあるし、責任もあるし、相手もあることだから」と思いますよね。

でも本当にそうなのでしょうか。本当に１つ残らず全部やらなければいけないのでしょうか。まずそこを疑ってみてください。中にはやらなくてよいこともあるのではないでしょうか。

確かに今の状況であれば、とにかく相手するタスクが多すぎて、どんなにすごい時間術のワザや便利なツールを使ってとしても「焼け石に水」、むしろ慣れないワザやツールに「余計なテマヒマ」がかかるのではないでしょうか。これではうまくいきません。

「千手観音を相手に百人組手をする」ようなものです。小手先のワザでは防戦一方でうまくいきません。ですから、まず「タスク」自体を減らすことを考えましょう。

行動が習慣化されていないので長続きせず、成果につながらない

そして時間術にとってもっとも手強いのが「習慣化」するまでの道のりです。心理学や行動学では、人は３週間（約20日間）同じ行動をくり返すと習慣化されると言われていますが、なかなかそれが難しく、習慣化するまでに失敗することが多いのです。

ほとんどの人が「三日坊主」だったり、１週間か10日ぐらいで挫折してしまいます。私もそうですが、新しい習慣はなかなか定着しません。

これはあたりまえのことで、人間の心理的特徴や行動パターンはみんなほぼ同じですから、普通に始めたら習慣として身に着かないものなのです。だから成果につながらないのです。

いつも真正面から「語学」「勉強」「トレーニング」などに取り組み始めて、すぐ挫折するのは誰

でも経験があります。あなただけ特別ではないのです。

これに対抗するには「続けるための仕組みづくり」です。仕組みを使って習慣化するのが最も近道です。

仕組みは、「自働化」「パターン化」「ツール」の組み合わせで、あれこれ考えなくてもすぐ動けるワザです。簡単でわかりやすいものから始め、いずれ自分の「ライフスタイル」になるまで定着させれば大成功です。とにかく楽に続けられるようにしていきましょう。

また、「途中で時間泥棒のようなジャマが入る」「自分の中でモティベーションが上がらないから続かない」という話もよく聞きますが、行動の習慣化をジャマする時間泥棒退治や先延ばしぐせ退治なども仕組みの力を使って乗り切りましょう。

結論として、時間を使って豊かで幸せな自分時間を過ごすためには、
①自分に問いかけて「ゴール」や「想い」をしっかり持つこと。
②「やること」「やらないこと」を決め、とにかく「やること」を減らすこと。
③仕組みを使って行動を習慣化すること。
ですので、まずそこから始めましょう。そのための前段階の準備として、
①時間の性質をとらえること。
②時間の使い方を考えること。
③（人間の心理学的、行動学的特性をふまえて）具体的な仕組みをつくって行動するということ。

が近道だと思います。

3　時間の使い方で気をつけること

時間の経済学　7つのポイント

さて、時間とお金はもちろん違うものなのですが、「使い方」という面で少し似ているところがあるのです。たとえば「浪費」「消費」「投資」という概念に置き換えて考えてみるとわかりやすいでしょう。

単純ではありますが、「浪費」「消費」「投資」というこの3つのキーワードを使って時間の性質や使い方について考えてみましょう。「使い方」に着目するのは、「幸せな時間の使い方」に直結する大事な観点だからです。

先の「時間の性質」とともに、この側面がわかるようになると、時間がより身近なものになり、時間の使い方が格段に上手になるはずです。

まずは「時間の浪費」という言葉があるように、私たちは将来のために役に立たないこと（たとえばゲーム、テレビ、ネットサーフィンなど）でムダ遣いをしてしまいがちという点でお金と似ています。また目的を持って積極的に時間を使う「消費」、少し前倒しにして「貯めたり」、人の力を使って「増やしたり」してから時間を使う「投資」という概念も時間とお金の共通点としてあてはまりやすいのではないでしょうか。

一方で時間はそのままでは直接貯めておくことができないため、お金より使い方を工夫し、よりデリケートに扱う必要があります。放っておけば自動的にどんどん時間はなくなってしまいます。だからといって「どうせなくなるなら浪費したほうがマシだ」などと投げやりに考えてはいけません。なぜなら時間は「命」なのですから。

ここでは「お金の使い方の概念」を少し取り入れて、これらのことについて話していきたいと思います。

さて、「時間の浪費」というと単なる「ムダ遣い」という意味だと思うかも知れませんが、ここではもう1歩進めて「目的（ゴール）を目指して進んでいるときにうまく使えていない状態」と考えてください。

この「浪費」は大きく2つのパターンに分けられます。1つは「密度が低い」パターン、もう1つは「中断する」パターンです。


密度の低い時間をなくす（ダラダラ・ノロノロ）（浪費）

私たちもよく経験することですが、作業自体やってはいるものの集中できなかったり、気が散ったり、やる気が出なくてついダラダラと作業してしまうことがあります。

時間をかけたわりには作業がはかどらず「ダラダラと時間を過ごしてしまったなあ」ということ

になるパターンです。私もよくあります。

「ゆっくり・のろのろ作業している時間」「寄り道作業をしている時間」「モティベーションが低下している状態の時間」「なんとなく作業をやっている時間」は、「作業状態」としてはスキマなく継続しているのですが、ムラがあり、中身がスカスカの時間なので、実働時間としては、「密度の低い時間」となります。

これはおもに精神的な面が大きく、「イヤイヤ感」「やらされ感」「目的がない状態」「ゴールが見えていない状態」「気乗りしない状態」などの原因があります。これは作業の効率が下がり、動いているけれど力が入っていない状態の時間です。このままではスピードに乗れず、ずっとスローペースのままです。

こういうときはなるべく作業を「自分ごと」としてとらえ主体的にすすめること、そして「やること」「やらないこと」をきっぱりと決めて相手を減らすことが大事です。

またこの状態のままだと他のことに気が向いてしまったり、あれこれ考えてしまったりして注意力も散漫になり、間違いが多くなったり、考えがまとまらず思考が行ったり来たりします。結果として時間をかけたわりに成果があがらず、ゴールにたどりつけない場合もあります。

これは大きな「時間の浪費」につながります。でもなかなか自分ではそれに気づかないことが多いので気をつけましょう。

私も気づかず、つい時間を浪費してしまうことがあるので気をつけています。

中断・空白の時間をなくす（スカスカ）（浪費）

もう1つは作業が「中断する」パターンです。

何か作業しているとき、あるいはしようとしているときに、「あれがない、これがない」と探したり、「そういえばこれをやってなかったから次にすすめない」「誰かに頼んであったことが終わってないからすすめない」「道具がこわれていて使えない」「あれを買っていなかった」など中断させられることがよくあります。

すると、せっかくペースをつかんでいた作業が止まってしまったり、先にすすめなくなったりして中断し、結果的にゴールに辿りつけないことになります。

この原因はおもに「モノ」や「人」へのダンドリやメンテナンスの悪さにあります。

いわゆる「手待ち時間」もこれにあたり、時間の浪費の1つのパターンになっています。

また、「何もやらない時間」「目的外のことをしている時間」「ものごとを先延ばししている空白の時間」「思考が停止している時間」「スキマだらけの時間」「やることがわかっていないので作業が止まってしまっている時間」「動いていない時間」「スイッチオフの時間」などのまったく動けていない時間も意外と多く、多くの時間を費やしたつもりでも、実働の時間は少なく、成果があがらないことがよくあります。これは「空白の時間」です。

この「密度の低い時間」と「中断・空白の時間」の2つのパターンは日常生活ではよく起こることで、しばしば両方同時に起こることもあります。どちらも「見かけの時間」としては作業しているのですが、「正味の時間」はあまり多くなく、結局成果につながらないことになります。これもやはり自分で気づいていないことが多く、ついくり返してしまう行動パターンの１つです。

効率よく、上手に使う（ムダなく１００％すべて使い切る）（消費）

浪費とは異なり、「目的を持って積極的に時間を使う」のが消費です。そして同じ使うなら時間を「ムダなく全部使う」「１００％すべて使い切る」「残らず最後まで使う」ということが大切です。言い換えれば「時間の純度をあげる」とも言えます。なるべく効率よく、上手に時間を使います。

これはおもに「時間の効率」に着目した使い方のポイントです。

待ち時間やタイムロスなどをなくすように、モレ・ダブりなくダンドリをし、なるべく時間のスキマをつくらないように使うのがコツです。つまり「スーツケースのパッキング」や「バケツに砂や石をつめる作業」に似ています。パズルのようにつめ込んでいきムダなく使いましょう。

また、「足ぶみ・アイドリングをしない」「最後までスピードを落とさない」「ムダな作業をやめる」など、設定した時間内すべてをその目的のために１００％使い切るということが大切です。

前向きに、楽しく使う（楽しく、アクティブに、エンジョイする）（消費）

また一方で、同じ時間を使うなら「楽しく」「アクティブに」「前向きに」「エンジョイする」ことにより、高い効果、満足感を得るということが大切です。

たとえば、休日は家族のため、家族に喜んでもらうために積極的に使う。あるいは、非日常の体験、経験、心に残る体験、一生ものの経験、お金で買えない付加価値のために楽しく使うなどおもに「気持ちの充実」に着目したポイントです。

そして、せっかくならあれもこれもとつめ込みすぎないで、1点豪華主義で過ごすと印象にも残り、想い出深いものになります。とにかくその時間を「楽しむ」「エンジョイする」ということが大切です。

一生懸命に貯めた時間を楽しいことのために使いましょう。お金と同じように楽しく使うことが大切です。

この「時間の効率」と「気持ちの充実」という要素の両方があってこその「素敵な時間の消費」となるのです。

時間を貯めて使う（今の時間を未来で使う）（投資・貯金）

「時間を貯める」ということはどういうことでしょうか。お金と違って銀行に行って入金し、通帳に貯めておくことはできません。ではどういう意味でしょうか。

1番目は「前倒しで忙しさをならす」ということです。空いている時間があるときに「先のタスク」をやってしまい、後の作業を減らすということです。こうすれば時間自体は増えませんが、後が楽になるわけです。

言い換えれば、前倒し（先行投資）で利益確定させるようなものです。そのタスクが必要なときに「もうやってある」ということになっているのです。つまりこのとき「貯めた時間を使う」ことになるのです。今使っていない時間を未来のために使って貯めておくワザとも言えます。特に忙しい時期の作業のピークカットにとても有効です。

２番目に「ずらしのワザ」です。たとえば25日にＡＴＭに並ばないということです。同じ時間を使うなら、人とずらしてすいている時間にタスクを終えてしまうようにしましょう。朝の通勤時間、お昼のランチ、ゴールデンウィークや夏休みの観光地などもこの方法で負担が軽くなり、大きな時間の貯金になります（安いときに買っておく）。

３番目は「過去の経験の利用・再利用」です。自分が過去につくった書類やフォーマットを再利用したり、過去の経験をうまく使ってタスクをショートカット、あるいは省エネをすることにより、時間を節約します。つまり自分の過去のリソースを使うことにより、時間をショートカットすることになります（リユース・リサイクル）。

このように同じ時間を使うにしても、比較的時間のあるときに先行投資して、後で時間を口座から引き出すようにするとよいと思います。

時間を増やす（２倍、３倍にして使う）（投資・貯金）

時間を増やすとはどういうことでしょうか。これには３つの術があります。

1つ目は「分身の術」です。わかりやすく言えば、時間を二重に使う、1つのものごとを動かしつつ別のことをする、ということです。

決して「時短」ではありません。どうせかかる時間を同時に何かに使うというやり方です。「○○している間に」「○○しながら」という形で、「普通なら2回かかってしまう時間を1回にまとめる」「どうしてもかかってしまう時間を動かしながら別の作業を進める」わけです。利益の二重取り、人生を2倍生きるともいえるでしょう。たとえば、「お湯をわかしながら、身支度をする」などがこれにあたります。「コピーしながら」「歩きながら」「電車に乗りながら」「誰かを待ちながら」「並びながら」「乾かしながら」などもあります。

さらに上級技として、「ブーメラン、お手玉、ジャグリング、キャッチボールの術」という技があります。相手にタスクを投げておいて受け取るまで別のことをするということです。自分は1人、手は2本と決まっていますが、うまく空中に投げておいてキャッチする腕前が上がれば、いくらでも相手（タスク）を増やすことができます。

2つ目は、「一筆書きの術」です。「ついでの力」を使って1回でものごとを済ます方法です。これは、動線を考えてダンドリをするという単純なことなのですが、出張や外出など出かけたときに一度拠点や職場に戻らず、帰るまでにいくつかのタスクを済ませてくるワザで、家の中の動線や買い物などにも有効なワザです。2回出かける分を節約し、1回分の労力・時間で成果を出します。上級ワザで、「最初に勉強する時間で実際のテスト対策まで一度にしてしまう」などというものもあります。

３つ目は、「夜討ち朝駆け」です。夜と朝の時間を有効に使うことによって、人の2倍、3倍の効果をあげることができます。自分自身がその時間に何かをするというのではなく、「投げられるボールはあらかじめ前の日に投げておく」「受け取り・確認作業は朝一番でやってしまう」ようにすると、自分の手からはなれていても自分が動いたのと同じ効果があり、結果的に相手より2日分有利にものごとが展開できます。「夜のうちに何かを依頼しておいて、朝までに結果を受け取る」「朝一番に連絡が取れるように夜のうちにメールをしておく」など簡単なことなのですが、自分時間が格段に増えます。先にひとテマかけておいて後の時間を増やすというわけです。

こうして時間を増やすことができるのです。

人の時間を買う（時短、サービス、ノウハウ）（投資）

最後に、人の時間を買うことにより自分の時間を増やすという考え方があります。これには３つのパターンがあります。

１つ目は「時間自体を買う」、つまり「時短」です。交通手段はより早いほうを選ぶなどがこれにあたり、移動時間を短くし、結果的に自分の時間を増やしていくという方法です（物理的時間の増加）。

もっともわかりやすく、自分の時間を売ったお金でより長い時間を買うというスタイルです。自分の時間を売って得たお金をより大きな時間を得られるように使うという意味で「投資」といえます。

2つ目は、「サービスや製品を買う」ということです。つまり人から「テマヒマやコスト」を買うのです。

自分でそのことを成し遂げるよりも、「お金を払うことによって直接サービスや製品を買ってしまう」のです。商品、食事、サービスなどを買い、自分は大きな満足、喜び、楽しみ、充実感、安全、安心、上質、効果、成果などを得ること、またさらに「お金で買えるもの」は買って、その先にある「お金で買えないもの」のために自分の時間を使うというのがこれにあたります（精神的な充実の増加のための専門家サービス）。

3つ目は、「ノウハウを買う」ということです。本、セミナー、教育、習い事など誰かの知識や知恵、技術などのノウハウや人生などをお金を払って短時間でエッセンスを得ることができます。話を聴いたり、教わったりすることにより、間接的に買うことができる、そういう意味で投資といえます。

いずれにしても時間を「どう使うか」ということが大切で、「時間を使わないこと（節約・倹約）」や「単に貯蓄をすること」自体が美徳ではないのです。お金と同じで、時間の使い方にはその人の品格や人格、生き方があらわれるのです。

私たちは、「楽しくよりよく生きる」ために「時間を使う」のであって、「時間をうまく使うために生きている」のではありません。

自分の本当のゴールをしっかり見きわめて、エンジョイライフしましょう。

4　朝時間を大切にする

早起き朝時間活用術

早起き朝時間活用術は、「とにかく明日から早起きするぞ！」とか「今日から朝の時間を有効活用するぞ！」といったいわゆる「根性論」では難しいと思ってください。それでは決して続かないのです。

これから、誰にでもできる簡単な早起き朝時間活用術をお教えします。私のまわりの人たちはこの方法でうまくいきました。

ここではわかりやすく「部屋の模様替え」にたとえて考えます。シミュレーションの形をとりますので、頭と心をニュートラルの状態にして一緒に想像してみてください。

「ゴミ屋敷の一部屋にあなたはいます。さて、この部屋をあなたのあこがれのリビングに変身させるにはどうすればよいのでしょうか」

①まず、部屋を見わたし、何が転がっているかを見る。
②必要なものは何かを考える。
③不要なものは捨てる。
④掃除する。

⑤部屋の広さや形を見て、間取りを考える。
⑥使いやすいレイアウトを動線や生活を頭に描きながら考える。
⑦レイアウトを決めたら、置くものを配置する。
⑧また入りきらなければ捨てる。
⑨日々整理整頓、お掃除をする。
⑩外から余計なものを持ち込まないように気をつける。

このような10のステップで進めるとうまくいきます。

それでは次にそれを時間にあてはめてみましょう。大まかに3つのフェーズに分けます。

〈フェーズ1〉時間の大掃除をする

①まずは自分がどのように朝の時間を使っているかチェックする。
②そのうち、必要不可欠なものは何かピックアップする。
③それ以外は捨てる。
④そのうち、朝どうしてもやらなければいけないもの、朝にしかできないものは何かピックアップする。
⑤それ以外は捨てる。
⑥残った必要不可欠のものにそれぞれどのくらい時間がかかるか計ってみる。

⑦合計の時間が合理的か検証する。
⑧トータルの所要時間から「起きるべき時刻」を逆算して割り出す。
⑨その時刻の２時間前に起きる時刻を設定する。
⑩同時に「時間泥棒リスト」をつくる。

〈フェーズⅡ〉時間の間取りを決める

①朝の時間を15分単位で表にする。１ユニット15分。アナログ時計で4分の1。
②動線を考え「モレなく、ダブリなく」「一筆書き」で予定を入れ、時間割をつくる。
③朝やることのチェックリストをつくる。
④前日の時間貯金リストをつくる。
⑤時間管理ツールをセットし、仕組みとして落とし込む。

間取りはスケジュールです。部屋も六畳、八畳というようにユニットで考えます。１ユニット15分で考えていきます。

動線にムダがないように、動きを考えて寝室、洗面所、トイレ、キッチン、クローゼット、玄関、リビングなどで行うことを並べていきます。

〈フェーズⅢ〉日々のお掃除をする

①時間泥棒リストにあるものに気をつけて近づかないようにする。
②習慣化されるまで各リストやツールを使ってチェックする。
③不要なもの（タスク）を持ち込まないように気をつける。
④小さなゴミに気がついたら日々掃除する。
⑤開始時刻、使う時間を変えない、レイアウトを変えない。
⑥無意識にどこに何があるかがわかるようになるのと同じように、何をするか考えなくてもよいように習慣化する。
⑦前日の時間貯金リストなど自分へのサポート体制を強化する。

しばらくは手帳に自分へのごほうびとして「できたよシール」を貼るというのも効果的です。

これらのことが少し甘くなってくると、部屋が汚れてくるのと同じようにスケジュールが崩れていきます。

いかがでしょうか。

「たったこれだけ？」と思うかも知れません。たったこれだけのことを実行するだけで、あなたの朝の時間を有効に活用できるようになります。

毎日少しずつの努力と改善が大切で、３週間もすれば習慣になってきます。朝の時間がうまく使えるようになると気持ちも自然と明るく上向きになっていきます。

ワンランク上の早起き「7つの習慣」

「早起きできない理由」と「早起き朝時間活用術」を理解したら、その次は実践です。「実際に早起きして何をするか」がポイントです。

目的やゴールを設定しにくいと思っているあなたに、ワンランク上の早起き「7つの習慣」をお教えしましょう。

とくに目新しいものではありませんが、ワーク・ライフ・パーソナルバランスの「パーソナル」の部分において、「早起きした2時間でこんなにたくさんのことができる」という実践例をお示しします。私が朝やっていることですが、このような感じでワンランク上の早起き習慣を身につけてみませんか？

パワーミュージック

元気が出る曲、好きな曲、昔よいことがあったときに聴いていた曲などをiPodやウォークマンなどに入れ、通勤の時などに聴きます。

心と身体が目覚め、元気物質が分泌され、体中にパワーがみなぎってきます。

スポーツ選手が練習のときにやっているのと同じです。自分のテーマソングを決めてもよいと思います。

まずは明日の朝からやり始めてみてください。

フィジカルトレーニング

身体に負担のかからない全身運動であるウォーキングの時間をつくります。

まず駅までのウォーキングをし、1駅分余計に歩き、駅などでは階段を使います。特別なエクササイズをしなくても、体の半分以上の筋肉を活動させますし、十分に運動になっています。

朝だけではなく、昼休みと帰りをあわせて毎日2時間以上のウォーキングをしています。

メンタルトレーニング

座れる電車の中や静かな場所でやると効果的です。

自分の内面と向き合う時間をつくります。

たとえば、瞑想したり、夢について考えたり、人生について考えたり、生き方について考えたりします。

また、不安と向き合うようにしたり、弱い自分と正面から向き合うようにします。

日常あらためてそういう時間をつくるのは難しいので、日々少しの時間だけ意識的に自分の心と向き合います。迷い、悩み、不安を受け止める時間をつくると、突破口、出口が見えることが多いのです。

朝は特にパワーがみなぎっていますので、そういう時間に自分の内面に向き合うと前向きな考えや気持ちが湧いてくるのでおすすめします。

アクティブインプット

単に何かを見たり、聞いたり、読んだりするということではなく、興味・関心がわいて自分のモティベーションのアップにつながる積極的なインプットをしていきます。

たとえば、「好きな本、読みたい本を読む」「参考図書、業界紙、学会誌、ビジネス書などを読む」「新聞のヘッドラインを拾い読みする」「テレビ、ラジオのニュースヘッドラインをチェックする」

大切なことは、意識的にアウトプットにつながる積極的・選択的なインプットをするということです。インプットされた断片がやがて結晶化し、熟成されてアウトプットにつながります。

アクティブアウトプット

アクティブインプットすると同時に、アクティブアウトプットをします。

たとえば、「ブログ、ＳＮＳへの発信をし、社会貢献する」「ホームページの更新、写真・動画のアップをする」「誕生日、お見舞い、その他コミュニケーションのためのメールの配信をする」「発表するための文章を書く」「エッセイ、日記を書く」「人生訓を書き出す」といった相手に何かを伝えたり、教えたり、人の役に立つことをします。

アクティブアウトプットをすると、頭が整理され、よりよいインプットにつながります。

そして人に向けてアウトプットすることで、自分自身がそのことについてしっかり考えるようになります。

バランスチェック

毎朝ワーク・ライフ・パーソナルバランスのチェックをします。

その際、人間の思考への集中力は弱いので、五感からの刺激の少ない時間をつくって手帳でチェックするようにしましょう。

「パーソナル」の自分を起点、リーダーにして、ワーク（仕事）やライフ（生活）について考えていきます。「自分の時間はとれているのだろうか」「ストレス発散はできているか」「家族とのコミュニケーションはとれているか」「仕事をしすぎていないだろうか」などを見ていきます。

そうすれば、「本当の自分」「本来の自分」などとあらためて考えたり、「自分探しの旅」に出かけなくても、日々自分自身が見えてくるものです。そして、「今の自分」、「ありのままの自分」が本当の自分であると思えるようになるのです。

日常から逃げたくなるのは「パーソナル」の自分が小さくなっているときです。「パーソナル」の自分を抑圧していると、誰しも日常から逃避したくなるものです。そうならないように、毎朝ワーク・ライフ・パーソナルバランスのチェックをしています。

リッチリラクゼーション

今ご紹介した6つの習慣をひととおり終えたあとに、自分へのごほうびやリラクゼーションとして「少しリッチな体験」をしています。

私は朝の習慣でコーヒーを飲むのですが、缶コーヒーやインスタントコーヒーではなく、自分でレギュラーコーヒーをドリップすることにしています。

ドリップしているときの「豊かな香り」「コーヒーのひとしずく」を楽しみ、「ゆったりとした朝のひとときを楽しんでいる」という気持ちのゆとりを存分に満喫しています。

そして、「ああ、今日も早起きしてよかったな」「今日もいいことあるぞ」と自分と自分に語りかけています。

その他いろいろあります。ホテルでの朝食、カフェでのひととき、お気に入りのスイーツ、朝の映画、コンビニでの買い物など何でもよいのです。

「今日も早起きしてよかった」と思えるようなごほうびをもらうことが、自分で自分の背中を押してやるための儀式、仕組みとして大切なのです。「今日もできたよシール」をシール帳に貼っていくだけでも効果的です。

朝は「パーソナル」の時間に使うことを大原則とし、「やりたいこと」「楽しいこと」「ワクワクすること」「うれしいこと」をやるなど、内的動機づけのみにしぼるようにしましょう。

基本的には好きなことであれば、朝の時間に何をやってもいいのですが、それをいくつか組み合わせて自分のライフスタイルにしてしまい、それがまわりの人からも認められるようになってくると、人生がとても楽になります。自分自身にも「続けるエネルギー」をかけ続けなくてもよくなります。そして何よりも「かっこいい」と思います。

この7つの習慣はいろいろ試行錯誤しているうちに自然と定着した朝のスタイルなのです。

あなたも自分なりのライフスタイルをきずきあげてください。

5　時間泥棒を退治する

夜の時間泥棒に気をつける

夜は時間割や締め切りがないので、「時間泥棒」に会いやすい時間帯です。特に注意が必要です。テレビ、ビデオ、インターネット、メール、ネットショッピング、SNS、雑誌、電話など「ちょっとだけ」と思って一度始めてしまうと、浦島太郎の竜宮城のようにたちまち時間が過ぎてしまって、「しまった、もうこんな時間！」ということになります。あなたも経験があると思います。

タイマーやアラームなどのツールを上手に使って、「時間を決めて」始めましょう。

人間の思考は五感からの刺激に弱い

よく経験することですが、何かを考え事をしていて、目に入った文字やテレビの映像を見たり、外部からの音を聴いたりすると、そのことに注意が向いてしまって、ついちがうことを考えてしまうことがあります。

また、「暑いな、寒いな」と感じたり、「いい匂い」と感じたり、「痛い、かゆい」と感じたりしたときもその瞬間にちがうことを考えたりします。

それはいたって自然なことなのですので、その性質を理解した上で、考え事はをするときは、五感からの刺激の少ない場所や時間帯を選ぶようにしましょう。

スマホや携帯電話が時間泥棒にならないように気をつける

スマホや携帯電話は便利なツールであるが、使い方によっては恐ろしい時間泥棒に変身します。

特に気をつけなければならないのが、インターネット、ゲーム、ＳＮＳ、メール、ネットショッピング、電話です。ライフツールとして常に携帯し、身につけているので「使う時間を決める」「使い方を決める」など対応をしっかりとって、便利ツールが時間泥棒に変身しないように気をつけましょう。

「ヒト」「モノ」「情報」を減らす

私たちにとって、三大時間泥棒は「ヒト」「モノ」「情報」です。

人とのつきあい方、モノの持ち方・使い方、情報の集め方・関わり方を整理することによって、時間の浪費が減り、自分時間を格段に増やすことができるようになるのです。

まずはそれぞれの重要度を考え、半分に減らしてみましょう。半分に減らしてみても実はたいしたことはないことがわかりますし、自分時間が増えたことがすぐに実感できると思います。

いらないダイレクトメールは断る

一事が万事です。毎日帰宅すると、郵便受けに不要なダイレクトメールが届いていると思います。あなたはどうしていますか？　1つずつ手にとって、イヤイヤ開封し、不愉快な思いをしながらゴミ箱に捨てます。

相手が勝手に送りつけてくるのだから仕方がない、と思わず、相手に連絡して送付を止めてもらいましょう。たった一度だけ、テマをかければ、もう二度と送られてきません。この「イヤイヤ作業」から一生解放されるのです。

精神的な苦痛もさることながら、いちいち開封して中身を確認し、捨てるという一連のムダな作業がなくなるだけでも自分時間が確実に増えていきます。

1分節約すれば、1分長生きしたのと同じです。

モノを減らす

限られた時間の中では、モノが多いと1つのモノに関わる時間が少なくなります。モノが2つに増えれば、そのモノに関わる時間は半分になります。

そして、多くなればなるほど、1つのモノに関わる時間が少なくなります。逆に時間の制限がなければ、モノが倍になれば、かけるテマヒマ・関わる時間・さがす時間・メンテナンスの時間が倍になります。半分にすれば1／2、なくなれば0になります。

あたりまえのことですが、「モノ」と「時間」の関係はそういうことになります。なるべくモノを減らしましょう。

「なくてすむ」モノは手に入れない

「なくてすむ」モノは使わない、手に入れないようにすると、時間やテマが格段にかからなくなります。

モノがあると、そのモノに関わる時間が増えると同時にそのモノを手に入れるための費用分余計に働かなければなりません。そのための時間は自分時間として使えなくなります。

モノを持つということは、それ自体リスクとコストが発生するということなのです。それでもあなたは多くのモノを所有しますか？

テマのかけすぎはムダ、「１００％」「完璧」を目指さないこと

世の中の大半のことが「１００％」や「完璧」を必要としていません。これを実現するためのテマヒマは大きな時間のロスとなります。

「テマをかけるだけの価値があるもの」だけにテマヒマをかけて、それ以外のことはムダなので、前向きに他のことをしましょう。

「必要十分」ということ、「足るを知る」ということが肝要です。

一番の時間の浪費はさがし物である

あなたもいろいろな本やデータでその恐ろしさはよくご存知だと思いますが、「さがし物」は最大の時間の浪費です。でも、なかなかなくなりません。

さがし物は「モノが見つからない」という状況のことに着目してしまいがちですが、実は、あなたの行動を変えることによって格段に減らすことができます。

まず、「モノを減らすこと」です。持っているアイテム、相手をする数を減らすことにより、管理しやすくしましょう。同じ機能を持つモノ、不要なモノ、使っていないモノ、使う頻度の低いモノを減らしましょう。

次に、「使う場所の近くに使いやすいようにモノを配置する」ことです。使いたいときにすぐ使え、使いやすいように出すことができると時間もテマも少なくなります。

そして最後に、「使ったら元に戻す」ということです。おそらくこれが一番苦手ではないでしょうか。元の場所に戻しておけば「定位置・指定席」が守られ、整理整頓完了です。

モノを減らしたり、探しやすい仕組みをつくることでずいぶんムダな時間やテマを減らすことができます。

1円高くても近くの店で買う

どうせ同じモノを買うなら、1円でも安く買うほうがよいと思います。私もそう思います。

でも時間術の観点からは必ずしもそういうことにはなりません。

「1円安く買う」ためには、「1円安い」かどうかの判断をするためにチラシを比較したり、店まで足を運んで比較したりする時間とテマが必要となります。

また、複数のアイテムを買いに行くのであれば、それが倍増します。それであれば、そのモノが手に入る一番近くの店で買いましょう。

お金はまた稼ぐことができますが、失った時間は二度と取り戻すことができません。1円のために命の時間を使いますか？

「ためらう」「迷う」は時間を無駄にする

誰もがそうですが、ためらったり、迷ったりするときはどうしても1回立ち止まります。そこからまたスタートするために時間とエネルギーを浪費してしまいます。周到に準備とダンドリをして、途中でためらったり、迷ったりすることのないようにしましょう。

また、スタートを切ること自体をためらったり、迷ったりするのも時間のムダです。小さなこと、できることから少しずつ、小さくスタートを切るのも1つの方法です。

病気は時間をムダにする

病気になると、病院に行ったり、検査したり、薬局に行ったり、保険の手続をしたり、医療控除の手続をしたり、入院してしまえば自由な時間はなくなります。最悪命がなくなれば、自分の時間は消滅します。

病気にならないようにしましょう。それが時間を大切にすることにつながります。

気が散るモノはデスクに置かない

人間の思考や集中力は五感からの刺激に弱いのです。目から入った色、形、文字、情報などが他のことに結びついて発展していきます。

そうなると、思考がそちらに引きずられ、頭の中が散らかり、集中できないので、タスクにより時間がかかってしまいます。そしてクオリティも下がります。

ですから、デスクの上には、そのときに使うモノ、タスク以外は置かないようにしましょう。ペン立てや不要な書類、文具などがスピードを落とす原因となるのです。

「時間浪費デバイス」は時間を決めて使う

私たちの生活の中にはすでに「時間浪費デバイス」がたくさんあります。

たとえば、テレビ、DVD、パソコン、スマホ、携帯電話、ゲーム機などは便利なものですが、時間を決めて使うようにしましょう。

テレビ、ビデオ、インターネット、メール、ゲーム、SNS、ネットショッピングなどは時間があればあるだけ使ってしまいます。

「気づかないうちに時間が経ってしまった」「一度始めるとなかなかやめられない」「ついついクセになってしまう」ということがありませんか？

結局、建設的でない時間を費やしてしまい、後悔したり、自己嫌悪におちいるといった「負のスパイラル」にはまってしまいます。時間を決めてから始めましょう。

6　ツールをうまく使う

時間管理の7つ道具

「7つ道具」といっても、何か特殊なものや目新しいものを使うわけではありません。あなたの身近にあるごく普通のツールたちです。

大切なのはたった3つ、「シンプル（簡単に・手軽に）」「スマート（いつでも・どこでも）」「スピーディー（すぐに・素早く）」ということです。

まず「シンプル」であることが大切です。

「シンプル」とは、その機能が過不足なく必要十分であり、余計なものがなく、簡単、手軽で使いやすいということです。

使うこと自体にテマヒマがかからず、わかりやすいということも大切です。そうでなければ使いこなせません。

次に「スマート」とは、「いつでも」「どこでも」使えて、使うことにテマヒマかけずに身体の一部になっているような状態のことです。

「早撃ちガンマン」や「居合抜きの武士」「忍者の手裏剣」などのようにスマートに道具にアクセスできることが重要です。

そして「スピーディー」ということも大切です。

道具を使うための「アクセスタイム」や「ウェイティングタイム」、電源を入れたり、システムを立ち上げたり、そのもの自体を取りに行ったりする時間がないというのがベストです。使いたいときにすぐ使え、成果をあげるのがツールの役目です。

世の中には、同じ機能を持つものがたくさんあります。結論としては「どれを使ってもよい」のです。自分の目的・ゴールを達成するために役に立ち、身の丈にあった使いやすい道具であれば、それでよいのです。自分にあったものに出会えたら、あれこれ他のものに手を出さず、じっくりつき合いましょう。

おススメの7つ道具

となりの芝生は青く見えます。人がやっている方法、使っているツールが「かっこよく」見えると思いますが、「自分の目的・ゴール」を思い出し、ひたすら進みましょう。

それでは1例として、私が実践している「おススメ7つ道具」をご紹介しましょう。

道具①手帳

ワーク・ライフ・パーソナルバランスをとるための、人生の司令塔として使っています。自分の予定は紙の手帳を使っています。

いろいろな形式、フォーマットのものがありますが、レフト型1週間のアナログ手帳を使っています。なぜなら、人間の感覚は1週間単位がわかりやすいからです。また、面積で時間を把握することができるということもこのフォーマットを使っている大きな要因です。おもに、スケジュール、タスクリスト、メモ、リマインダーの役割を持たせています。

手帳はご存知のとおりいろいろな種類があります。フォーマットは、マンスリー、バーティカル、2週間見開き、レフト型、デイリーなど、大きさは、ポケットサイズ、手帳サイズ、バイブルサイズ、デスクサイズ、ノートサイズなど、スタイルは綴じ手帳、システム手帳、カレンダー型など、日曜始まりと月曜始まり、1月始まりと4月始まりなど自分の感覚と使い方、用途に合わせて選べばよいのです。正解はありません。

こだわりとしては、時間の目盛が自分の生活時間に合っていること、書き込みスペースが十分であること、参考資料等が必要十分で適切であること、手ざわり、色、素材が心地良いことなどがあります。しおりも2本あるといいですね。

手帳に書き込むことはいろいろありますが、何に使うかは自分で決めましょう。行事のみ、スケジュールのみ、アポイントのみ、プライベートのみなど。

色分けをするとわかりやすいのですが、色が多すぎるとわかりにくくなり、それ自体にテマがかかります。

手帳で1日、1週間のリズムをつくっていく感覚を身につけましょう。そこに自分の人生を乗せていくのです。

手帳については、「手帳術」の本が出るほど人それぞれたくさんのノウハウがあります。でも、ほとんどの人が使いこなせていません。それは、「目的」「選び方」「使い方」が自分に合っていないからです。だから毎年、年末年始や年度替わりの時期に手帳術の本が本屋さんの棚にたくさん並ぶのです。

結局人のマネではダメなのです。自分の目的に合わせて選び、自分の使いやすいように使うということが大切なのです。

道具②アナログ時計

時計はおもに時刻を知るために使いますが、アナログ時計を使うと、単に時刻を知るだけではなく、時間を面積としてとらえることができるので、直感的に時間を感じることができます。

「正確な時刻を知る」という意味ではアナログもデジタルも同じ機能です。時間活用という点から考えると、時計は「時刻を正確に知る」という「点」の機能だけではなく、「持ち時間」や「残り時間」、「経過時間」「バランス」などといった「線」や「面」の性質を使ったとらえ方に使いたいものです。

そういうツールとして時計をとらえた場合、アナログ時計は実に大きな役割を果たします。アナログ時計は文字盤、針によって、経過時間や残り時間を視覚的にとらえることができます。同時に、時間を「面」や「面積」としてとらえることも可能なので、１時間、つまり60分を１／２、１／３、１／４、１／６などと直感的に認識することができます。

また、15分１ユニットで作業するときも、「あと何ユニット」と簡単にとらえることができ、効率よく作業が進められます。

道具③タスクリスト

やることをモレなくダブリなく書き出し、頭の中をスッキリさせるために使います。やることが書き出されていれば記憶しておく必要がなく、今やることに集中することができるのです。

コツは次の３つです。

１つ目は、外部から次々にやることが入ってきたら、その都度対応するのではなく、タスクリストに淡々と書きたせばよいのです。そして作業を中断しないようにしましょう。

２つ目は、終わったもの、不要なものはどんどん消していく（見せ消しする）ことです。

リストを消していくことがとてもうれしい、楽しい、快感です。

デジタル管理もよいのですが、アナログで1つひとつ消していくのもとても爽快感があります。

3つ目に、なるべくタスクを分解して細かくリストアップし、たくさんの項目を消していくのが効果的です。

効能は、「何をすればゴールに辿り着くかという問題意識が生まれる」「やることのダンドリ、手順が自然とわかってくる」「見えない課題や問題点がピックアップされる」「協力者、関係者、ステークホルダーが見えてくる」「持っているリソース（時間・労力）とタスク量との比較ができ、スピード感、テンポ感につながる」「ゴールまでの道すじが自然と見えてくる」「やり残し」や「二度手間」を減らすことができるということです。

突発的なもの、1日だけのものは紙、毎日、毎週、毎月、毎年くり返されるものはデジタルが便利です。

道具④メモ

気になることを書き出し、頭の中をスッキリさせるために使います。

今はデジタルデバイスも便利になっているので何を使ってもよいのですが、先にあげた「シンプル」「スマート」「スピーディー」という点から、便利なのはやはり「紙」だと思います。

メモは「何かを記録するため」「忘れないようにするため」「頭の中を整理するため」「人に何か

を伝えるため」に使うのが一般的です。

でも、メモの使い方はそれだけではありません。メモは「忘れるために書く」のです。さて、それはどういうことでしょうか？

メモは、頭の中にあること、気になることを一旦外に出して、頭の中、心の中を空っぽにするために使うという使い方があります。頭の中、心の中が空っぽになると、雑念や雑音がなくなり、今目の前にあることに集中して取り組めるようになり、時間を有効に使えます。

メモに使う用紙は、多種多様ですが、いつも持ち歩くことができ、貼ってははがせて色も目立つ、適度な文字量も記入できる、外出先でも補充しやすいという観点から、黄色い正方形のポストイットがおすすめです。

ポストイットは時間を節約するのに大変便利なツールです。単純なメモとして使うだけではありません。手帳にそのまま貼れるので、タスクリスト、データ、地図、拡張メモ、連絡先リストなどに使えます。また、机や壁にそのまま貼れるので、掲示、訪問メモ、メッセージ、マーキング、連絡票などにも使えます。そして、そのまま人に渡せるので、メモや伝達事項もいちいち書き直す必要もなく、時間がムダになりません。し、貼ってはがして並べ換えが自由なので、ブレインストーミングや頭の整理、意見交換などにも最適です。

「書き直しのテマヒマがかからない」「多用途に使える」「貼れる」という時間活用においてはなくてはならないアイテム、ツールの１つです。

道具⑤アラーム

ピンポイントの予定時刻を気にしなくてもよいようにして、頭の中をスッキリさせるために使います。たとえば、約束の時刻、起きる時刻、出かける時刻などをコントロールするツールとして使います。

時計、スマホ、携帯電話、パソコン、デジタルデバイスなどさまざまなアラームがありますが、ライフツールの中で考えるのであれば、スマホや携帯電話が便利でしょう。用途に応じて使い分けるのもよいと思います。たとえば、1回だけなら時計、毎日くり返すならスマホや携帯、デスクならパソコン、家の中ならデジタルデバイスなど。毎日同じ時刻のくり返しができるので、朝起きるときにオーディオタイマーで「鳥のさえずり」を流したり、電気スタンドにつないで明るくするなどの起き方もできます。いずれにしても、ちょこちょこ時計を見て、時刻を気にしなくてよくなるというメリットがあります。

道具⑥タイマー

残り時間を気にしなくてもよいようにして頭の中をスッキリさせるために使います。「あと○○分で××をする」など、「締め切り」や「デッドライン」を決めて、時刻と時刻を線でつなぎ、時間をコントロールするツールです。

タスクの所要時間を算出して、複数のタスクのしめ切りを決め、「このぐらいの時間で仕上げる」

といった時間管理に向いていています。また、時計で目的の時刻と現在の時刻の差をいちいち考えなくてもよくなります。

時計、専用タイマー、スマホ、携帯電話、パソコン、デジタルデバイス、砂時計などがあります。使う場所や状況にもよりますが、家の中ではキッチンタイマー、お茶を飲むときには砂時計など、レトロなアイテムもなかなか味わい深く、便利に使えます。

道具⑦リマインダー

先のこと、予定されているひとまとまりの作業のことを気にしなくてもよいようにして、頭の中をスッキリさせるために使います。

そのことが起こる少し前、始める少し前に、あるひとまとまりの作業、タスク、イベント、行動セットを思い出させ、準備やダンドリを始めるきっかけ、タイミングを知らせるものです。単にやることや行事を思い出させるのではなく、始めるタイミングを知らせるという使い方をします。

グーグルカレンダーなどのリマインダーサービスを使うととても便利です。携帯電話へメールで知らせる設定ができますので、準備やダンドリを忘れることがありません。定期的なタスク、行事、ゴミの日など繰り返し行うことはデジタル処理をしたほうが便利です。

リマインダーは「行動のきっかけ」「トリガー」としてはたらくので、そのタイミングがきたときにすぐに始められるよう、事前に準備やダンドリ、手順の取り決めをし、協力者との打ち合わせをあらかた終わらせ、必要な根回しをしておくことが肝要です。

ツールを人生に活かす

さて、7つ道具をご紹介してきましたが、あなたの使い方とくらべていかがですか？

ツールの使い方しだいで時間の使い方が変わってきます。

ツールを使うときの3つの心がまえを確認しておきます。

第一に「シンプル」「スマート」「スピーディー」であること。

簡単に、いつでもどこでも、すぐに動けること、対応できることが大切です。そのためにこれらのツールを身につけて活用しましょう。すぐに使えないと意味がありません。「身につけること」「いつでも使えること」が大切です。ツールへのアクセスにテマヒマがかからないもの、電源が不要なもの、小さいもの、簡単なもの、わかりやすいものが適しています。自分の身体の一部となるように使いこなします。

次に、頭の中を空にして、今目の前にあることに集中するために使うということ。

時間やコトを逃がさないため、そして不安や心配を取り除いて、心の中をスッキリさせるために使いましょう。

最後に『時間をうまく使うこと』が目的ではない。時間を使って何をするか、人生をいかにエンジョイするかに時間を使う」ということ。

「時間をうまく使うこと」のため自体に時間をかけてはいけません。いかに人生を楽しむかというところに基準をおいてください。

7 時間活用のコツ

分身の術

朝の時間は限られています。忍者のように分身の術が使えて、自分が何人もいたらよいと思いませんか。

たとえば、朝起きた後の15分間をイメージしてみてください。

まず、最初にお湯をわかし、スープを温め、トーストを焼き、レンジでおかずを温め、テレビやラジオのニュースをつける、携帯電話を充電し、エアコンのスイッチを入れ、洗顔する。

すると自分の15分が8倍の120分、つまり2時間分使ったことになります。「ついでに」「同時に」のダンドリで時間を増やすことができる例です。これを分身の術といいます。

一筆書きの術

朝に限りませんが、家の中や買い物などに有効なワザとして、一筆書きの術があります。

これは、動線を考えてダンドリをするという単純なことなのですが、朝のことを考えてみると、洗面所、トイレ、キッチン、リビング、玄関、クローゼットなど、モノを取りに行ったり準備したりするのに同じところを何度も行ったり来たりしていませんか？

なるべく一度で済むように作業をまとめる、順番を変える、モノの置き場所を変えるなどして、動線をスッキリ一筆書きにすると、時間の浪費がなくなり、格段に自分時間が増えます。

夜は頭を空っぽにして考え事をしない

夜は理性より感情が高まっているので、考え事には適していない時間帯です。

経験があると思いますが、夜に書いた文章や手紙を朝冷静になって読み返してみると、恥ずかしくなることがしばしばあります。

また、思考が「堂々めぐり」になったり、思わぬ方向に発展したりすることが多いので、なるべく考え事をしないようにしましょう。

頭にこびりついていること、ひっかかっていることがあったら、「メモ」にしておいて一旦外に出し、早く寝てしまう。考え事は朝に任せるようにしましょう。

夜はダラダラするので作業を早く切り上げる

夜は起きてさえいれば、朝までデッドラインがないので、いくらでも時間がありそうな気になります。それに加えて、体力、気力、集中力が格段に落ちているので、同じ時間をかけても効果が上がらないのです。

ダラダラと作業や思考を続けるよりも、早く切り上げて休息や別のことに時間を振り分けたほうがトータルでリソースのムダがなくなります。

朝の準備を夜のうちにしておく

朝の限られた時間を有効に使うには、前の日の夜に「時間の貯金」をしておくと効果的です。

着ていく服や持ち物の準備、タイマーが使えるエアコンやポット、炊飯器などはタイマーセット、天気予報の確認、手紙の返事などをあらかじめしておくと、朝の時間にゆとりができます。

残業は「時間の借金」である

残業すると「残業代もでるし」「仕事をやっている感じになるし」「みんなもやっているし」何かよいことをしている気になってしまいがちです。

でも、よく考えてみてください。本当だったら就業時間内にやらなければならない仕事、終わらせなければならなかった仕事を時間外に先送りしていると考えられませんか？　しかも、職場の光熱費や機器、道具を潤沢に使って・・・。

それだけではありません。自分の心を犠牲にし、自分時間を犠牲にし、家族を犠牲にし、命と同じである大切な時間を犠牲にしているのです。

もう一度よく考えてみてください。残業は単なる「時間の借金」です。必ず何かを犠牲にしています。その時間は別の時間で返さなければならないのです。

休日の朝もいつもと同じ時刻に起きる

休日の朝はつい朝寝坊してしまいがちです。そんな経験ありませんか？ でも遅く起きてしまった日はスロースタートで何となくダラダラ過ごしてしまって、結局「今日1日何をしていたんだろう？」という後悔と自己嫌悪におちいり、夕方からは「ブルーマンデー」になります。

逆に早く起きると、いつもの身支度の時間、通勤の時間、仕事の時間、帰宅の時間すべてが「自分時間」となるのです。こんな素晴らしいことはありません。

「ブルーマンデー」を退治する

毎週日曜日の夕方、必ずあなたを襲ってくる恐ろしい怪人「ブルーマンデー」。経験がありませんか？

よく考えてみると、月曜日の朝までまだ半日以上あるのにずっと頭にこびりつき、決して離れることがなく、そのまま職場まで引きずってしまう恐ろしい相手です。

何となく仕事のことが気になったり、ダンドリや予定のことを考えてしまい、せっかくの休日気分が台なしになってしまいます。

それを退治する方法があります。

それは、「休日にはいる前の日の午後、翌週月曜日の予定とダンドリを確定させてしまうこと」です。たったそれだけです。

週明け月曜日になってから、手元にある仕事、抱えている仕事などを確認し、ダンドリや準備をしている間に外部から新たなアポイントや仕事が舞い込んでくるのが月曜日です。あらかじめ自分の動き、やること、手順、ダンドリを決めておいて、手帳に記入して、準備まで終えておき、朝職場に着いたら何も考えなくてもスタートできる状態にしておきます。

仮に外部からアポイントや仕事が入っても、「この時間は予定が埋まってます」「このぐらいの時間で終わります」などと冷静に対応できますので、時間と気持ちにゆとりができるのです。

これだけで「ブルーマンデー」を退治できます。とても簡単な方法ですので、あなたもぜひ試してみてください。

「早寝早起き」ではなく、「早起き早寝」

早寝早起きはなかなかうまくいかないことは経験的にわかると思います。

いきなり早寝といっても、なかなか早く眠れないと思いますし、かりに早寝できたとしても、確実に早起きができるというものでもありません。

早起きを習慣にしたいのであれば、とにかくまず「早起き」をしてみることです。だまされたと思ってそこから始めましょう。

最初は多少つらさもありますが、まず起きる時刻を固定してしまいます。すると、起きていられる時間が経過すると、自然と眠気がさしてきます。そうなったときにためらわず寝てしまうのです。

これをくり返しているうちにだんだん寝る時刻が安定してきます。そうなったらしめたものです。あとは、そのまま起きる時刻を固定してしまいましょう。早起きするようになると、自然と早寝をすることになり、結果的に「早寝早起き」の習慣が身につきます。

朝早起きするメリットはたくさんある

朝早起きするメリットはたくさんあります。

単に準備や行動が早くできるということだけではなく、何かトラブルが起こったときにリカバリー対応することができます。早起きした分、自分時間が増え、アクティブな人生をおくることができます。朝は気持ちがよい、いやな思いをしなくて済む、ゆとりができるといったメンタルな面でのメリットもあります。そしてよいサイクルが自分の中に生まれてきます。

早起きは「自分のため」にする

早起きしても結局仕事をしたり、生活時間に使ってしまうと、「何のためにがんばって早起きしたのか？」と疑問を持ってしまい、モティベーションが下がり、続かなくなります。

早起きは「自分時間」をつくるため、そしてその自分時間で「パーソナル」のことをするために使いましょう。そうすると、だんだん人生が充実してくるようになります。

だから、早起きは「自分のため」にすると決めましょう。

「早起きはつらい」は単なるイメージである

「早起き」はつらい、きつい、苦しい、しんどいというイメージを持っていませんか？

たしかに早起きを始めたときはそうかも知れません。冬の暗くて寒い時期などは、ふとんから出るのがおっくうになります。

でも、いずれにしても1日1回は必ず起きなければならないのです。早くても遅くても起きることは一緒なのです。そうなのであれば、早起きして、充実した1日を過ごしませんか。

朝の「やることリスト」をつくる

朝にやらなければいけないことは意外と多いのです。

毎日起きるたびにいちいちやることを考えたり思い出しながら行動すると、モレやダブリがあるかも知れないので、一度「やることリスト」をつくりましょう。

やることリストをつくったら、あとは片っ端からこなしていけば簡単でモレやダブリがなくなります。そして頭を使わなくてもよいので、他のことに頭を使うことができます。

このようなことを仕組み化してしまえば、あとはテマヒマかからず時間短縮になります。

「お出かけリスト」をつくる

出かけるときの持ち物をつくると「忘れ物」「さがし物」がなくなります。仕事のとき、旅行のとき、出張のときなどそれぞれのリストをつくっておくと、モレやダブリがなくなります。

一度仕組みをつくってしまえば、いちいち考えなくてもよくなり、時間の短縮につながります。

朝の「時間割」をつくる

朝の限られた時間の中で、手際よく動くためには、「やること」「やる順番」「割り当て時間」を一覧でわかるようにした「時間割」をつくると便利です。

いちいちやることや順番を考えなくてもよくなりますし、目安の時間もわかるので、効率よく進めることができます。また、頭を使わなくてもよくなるので、他のことに振り分けられます。

思い切って2時間早起きをする

たとえ早起きをがんばってみたとしても、それが15分、30分、45分、60分ぐらいだと、それぞれ「朝やることの予備時間」としてほとんど消えてしまいます。せっかくのがんばりが吸収されてしまい、報われない結果となります。ではどうすればよいのでしょうか。

それは、2時間早起きすることで解決します。「えー、2時間も」と思うかも知れませんが、いつも7時起きなら5時、7時半起きなら5時半という具合に起きる時刻を設定してみてください。そうすれば、「きっちり2時間の自分時間」を確保することができます。その2時間で「自分みがき」をしましょう。

朝は「やりたいこと」だけをする

朝早起きしてつくり出した貴重な時間を「仕事」や「生活」に使ってしまうとモティベーションが下がってしまいます。やりたいことだけをすると決めてモティベーションをキープしましょう。

そのために、目的・ゴールは「やりたいこと」に設定し、「やりたくないこと」はやらないようにしましょう。

朝は時間が限られていて、しかも意外にやることが多い

おそらくあなたも感じていると思いますが、朝の時間は限られています。しかも意外にやることが多いのです。だから当然気持ちがあせってきます。

そこで、やること自体を限定し、そのあせりから解放されましょう。時間が限られているのは仕方ありません。かといって、早起きしてつくり出した大切な時間を身支度に使いたくはありません。

ならば、「やること」のほうを減らしてしまいましょう。相手をするタスクの数を減らしてシンプルにすれば、頭の中もスッキリしますし、心も落ち着いてきます。

また、朝の作業はタスクリストや持ち物リスト、時間割などでなるべくルーチン化し、いちいち考えなくてもよいような仕組みづくりをしましょう。

休日の前の日は夜ふかしをしない

休みの前の日はうれしくなってしまってつい夜ふかしをしてしまいがちですよね。

夜ふかしをすると、朝寝坊になるだけではなく、生活のリズムをくずしてしまうことになるので、ブルーマンデーを引き起こしやすくなります。

休日の朝、ゆっくり寝てしまうと、せっかく予定していた楽しいことができなくなり、後悔し、自己嫌悪におちいる「負のスパイラル」を起こしてしまいます。

夜やりたいことは、逆にその分早起きしてやればよいのです。時間は一緒ですから・・・。

それほどまでしてやる必要のないことは、夜やる必要もないのです。

紙の手帳を使う

「シンプル」「スマート」「スピーディー」に動くには、司令塔となる手帳へのアクセスタイムが重要です。

人とのスケジュール調整や不意に入った予定など、電源を立ち上げたり、データを読み込んだりするアクセスタイムがなく、いつでも持ち歩ける紙の手帳が便利です。

サブの手帳やデジタルデバイスのスケジューラーを併用するにしても、紙の手帳が優れている点が多いのでメインは紙の手帳がおススメです。

4＋1のマルチペンを使う

筆記用具を複数持ち歩く、常備しておくというのは案外テマヒマがかかります。常にメンテナンスや整理が必要にもなります。

4色ボールペンとシャープペンの機能が1本になったマルチペンがおすすめです。このマルチペンが1本あれば、たいがいの用途に対応できますし、内ポケットに入れておけば、アクセスタイムが格段に早くになります。手帳やノートに色分けの習慣がある人も1本で足ります。

マーカー、マジック、筆ペン、万年筆などを常に使うということはまれで、頻度も低いのでその都度用意すればいいと思います。家の中でもマルチペンでほとんど用がたりるのではないでしょうか。探すテマ、メンテナンスのテマヒマを考えてもおすすめのアイテムです。ポストイットとの連携で最強ツールとなりますので、ぜひ試してみてください。

使いやすいものを探し、同じペンに統一することにより、替え芯のストックや交換・メンテナンスなどもシステマティックに行えます。

「スーパー定期入れ」を使う

これは私の勝手なネーミングですが、ライフツールをひとまとめにして「スーパー定期入れ」にしてしまうと時間が格段に増えます。

簡単に説明しますと、まず名刺入れを定期入れとして使います。今の定期はタッチ式なので、名刺入れのフタの部分に入れて指定席とします。名詞を入れる部分に免許証、保険証、診察券、身分証、名刺（2枚）、ポストイット（3枚）、クレジットカード、キャッシュカード、緊急用現金（5万円）を入れ、手帳用ミニペン、家の鍵をつけてベルトワイヤーで落ちないように携帯します。

これだけでいつでもたいがいのことはできます。仕事、出張、プライベート、旅行、手続き、通院など生活の多くの場面で「これだけ」というツールとなります。

そして、すぐに動けるようになり、行動もアクティブになります。

郵便物は一度で処理する

郵便物を受け取ると、一度中身を確かめるために開封し、すぐにまた封筒に戻したりしていませんか？　これはけっこう時間をムダにしていることになります。

最初に開けたときに一度で処理してしまいましょう。

「通知」は手帳やメモ、タスクリストに書き込み、「書類」はその場でファイルし、「返事」はその場で書いてカバンに入れておきます。「振り込み」はネットや携帯電話で済ませ、「連絡」はその場でしてしまいます。

すると、二度とそのことに関わらなくてよくなり、忘れることもありません。そしてその後は永久に頭から離してもよくなります。思ったより時間がかからないものです。ぜひ試してみてください。

つき合いは悪くていい

自分が好きなこと、本当にやりたいこと以外のつき合いは悪くてよいのです。

食事や会合、行事やイベントなどにおいても、一度はっきり断ればそれで済むことです。時間の浪費、ストレスの原因であり、あとになって後悔し、自己嫌悪におちいる「負のスパイラル」が始まります。

「それでダメになる人間関係ならそれまで」とわり切って自分の時間を大切にしましょう。

時間を人と「ずらす」ことにより、「ゆとり」を得る

人間の行動パターンはだいたい「似たり寄ったり」です。

朝の通勤ラッシュ、昼のランチ、給料日のあとの銀行、休日のレジャーなど必ず混雑し、行列ができます。

それを逆手にとって、食事、買い物、手続、移動など様々な場面で時間を人と「ずらす」ことに

よって、「混まない」「並ばない」「高くない」という大きなメリットを享受することができます。

少しだけ人と時間をずらすと、「ゆとり」を持つことができ、時間を有効に使えるだけでなく、精神的にも安定します。

1日の持ち時間は1440分である

1日を「24時間」と考えると10分がたいしたことないように感じますが、「1440分」と考えると同じ10分でも貴重な時間に感じられ、大切に使うようになります。

他人の時間を買う

知識、経験、本、講演会、サービス、技術など他人が培ってきたノウハウなどを買えるのであれば、同じだけ自分の時間を費やすより買ってしまいましょう。

それらを買うことによって自分時間が増え、あなたにしかできないことをやることができます。迷わず、他人の時間を買いましょう。

夜討ち朝駆け

夜と朝の時間を有効に使うことによって、人の2倍、3倍の効果をあげることができます。

自分自身がその時間に何かをするというのではなく、「投げられるボールはあらかじめ前の日に投げておく」「受け取り・確認作業は朝一でやってしまう」ようにすると、自分が動いたのと同じ効果があり、結果的に相手より2日分有利にものごとが展開できます。

「夜のうちに何かを依頼しておいて、朝までに結果を受け取る」「朝一番に連絡が取れるように夜のうちにメールをしておく」など簡単なことなのですが、自分時間が格段に増えます。

交通機関は金額ではなく、時間優先で選ぶ

同じ目的地へ行くのに、複数の選択肢があります。

「そこへ行って何かを成し遂げる」というゴールがあるのであれば、迷わず「時間優先」で交通機関を選びましょう。

たいがい時間優先で考えるほうが心身ともに負担が少ない場合が多く、結果としてトータルでの成果を出しやすくなります。

「忙しさ」をならして平らにする

「忙しさ」の源は、「多忙感」つまり「忙しい」と思う心にあります。

現実にそこにあるのは、「かかえているタスク量」と「持っている時間」、「かけられる労力」のバランスの不均衡で、これを頭の中、心の中で「気持ちのあせり」や「疲労感」とミックスされることによって感じているだけなのです。

ダンドリやスケジュール管理、タスクリストなどをうまく使って、タスクをならしてみると、意外と忙しさを感じなくなることが多いものです。

つまり、忙しさをならして「山と谷」を平らにすることが大切なのです。

時間をうまく使うために生きているのではない

私たちは、「時間をうまく使うために生きている」のではありません。

いくら本やマニュアルを読んで時間をうまく使うことを覚えても、そのこと自体を目的・ゴールにしているのでは本末転倒です。

本当のゴールをしっかり見きわめて、エンジョイライフしましょう。

もう一度言います。「楽しくよりよく生きる」ために「時間を使う」のであって、「時間をうまく使うため」に「生きている」のではないのです。

ポイントカードや会員証にしばられないこと

ポイントカードや会員証は、店があなたに少しだけメリットをあたえることによって、「その店まで足を運ばせること」「その店でモノを買わせること」を目的・ゴールとしています。

近くの店で買えば済むものも、ポイントカードや会員証の魔力によって遠くまで引き寄せられ、時間の浪費をさせられることになります。ついでに余計な買い物までさせられることもあります。

そこから解放されて自由になれば、自分時間も格段に増え、精神的にも自由になり、持ち物も減ります。

すぐに出かけられるように荷物をまとめておく

出かけるときに時間がかからないように、あらかじめ財布やカギなどの「お出かけグッズ」をまとめてそろえておきましょう。

おすすめは先に紹介した「スーパー定期入れ」です。必要なモノをひとまとめにしておくと、仕事でもプライベートでもウェイティングタイム、ロスタイムがなく動けるので、アクティブにスピーディーに活動できます。またいちいち確認するテマヒマもなくなります。

明日履いていく靴を玄関にそろえておく

翌日履いていく靴を前の日に用意しておくと、それだけでも朝ドタバタすることがなくなります。単に靴の準備ということだけではなく、心構え、生きる姿勢としても大切なことであり、前日天気予報などを確認する必要もあるので、ライフスタイルとして取り込むとよいのではないでしょうか。

翌日の天気予報をチェックする

天気と気温を前日にあらかじめチェックし、服装や持ち物を準備しておく習慣をつけましょう。

また、同時に次の日のスケジュールやダンドリに天気の影響がないかの確認をしておくようにすると、当日の朝にドタバタしなくても済み、精神的にもゆとりを持った朝をむかえることができます。

「なるほど」と思ったことは24時間以内にやる

「なるほど」と思ったよいことは迷わずすぐに実行してみましょう。

それで時間の節約になったり、効率がよくなるのであれば、結果的に自分時間が増えることになります。習慣化してしまえば、さらに多くの自分時間を手に入れることができます。

時間を大切にする人とパートナーを組む

仕事でもプライベートでも、時間を大切にする人とパートナーを組みましょう。結果的にあなたの時間が増えることになります。

自分の時間も相手の時間も大切にするようにし、時間の使い方もお互い学び合うようにすると相乗効果があります。

期限を守れない100点は0点以下、提出していないのと同じである

どんなに完成度が高くても、期限に間に合わなければ意味がありません。評価に値しないので0

点にもならないのです。そのことをしっかり頭に入れて時間を使っていきましょう。

スタートを切るまでの速さがポイント

何事にもトラブルはつきものです。早くスタートを切っていれば、トラブルシューティングもしやすくなりますし、時間配分の選択肢も格段に増えます。

他に妨げる要因がないのであれば、迷わずできるだけ早くスタートを切りましょう。ダラダラと考えていても意味がありません。行動を起こすことがゴールへの第一歩です。

時間は手帳と時計に任せる

時間管理のパートナーである手帳と時計を信頼して、自分の時間を任せるようにしましょう。あれこれ考えても、手を広げすぎても、頭と心のキャパシティ・容量を圧迫するだけでよい結果にはつながりません。

手帳に書いたスケジュール、ダンドリにしたがって、時計が刻む時間どおりに動くことが肝要です。

朝型はトラブルに強い

朝型の人は時間にゆとりがあるので、どの時点でトラブルが起こってもリカバリーする時間が十分にあります。

また、時間にゆとりがあることによって打つ手の選択肢や心の余裕ができるので、落ち着いて対処することができ、結果的にミスが少なく進行できるのです。

マイペースとは先行逃げ切りタイプのこと

マイペースは「のんびり型」のことではありません。

自分のペースで最初から最後までタスクを進行できる人のことをマイペースといいます。つまり、「先行逃げ切り型」のことを指します。

マイペースでものごとを進めたければ、人に先んじて行動を起こすことが大切です。

スケジュールにはブランクが大切である

自動車のハンドルに「あそび」があるからうまく運転ができるのと同じで、スケジュールにも「ブランク」「バッファー」といったゆとりが大切です。

すべてキチキチに詰め込まないでスキマをつくったほうがうまくいくので、あらかじめスキマをつくっておくようにしましょう。

スキマ時間を無理して埋めない

スキマ時間をうまく集めれば大きな時間になります。もちろん有効に活用したほうがよいと思います。

でも、不意にできたスキマ時間にやることを無理につくり出したり、考えたりするテマヒマ自体がムダです。

スケジュールを立てるときにできるだけスキマ時間をつくらないようにし、できてしまったスキマ時間は無理して使おうとせず、「神様がくれたブレイク」と考えて積極的に休んでしまいましょう。

万が一、スキマ時間にやっていることがその時間を飛び出してしまったら次のスケジュールを圧迫することにもつながります。

「時間はお手玉・ジャグリング」、投げ方次第でいくつでもできる

時間は上手に、素早く、手際よくまわしていけば、お手玉やジャグリングのように、一度に扱う玉の数、相手の数を増やすことができます。

少しずつ上手になるように訓練していきましょう。

時間を追う、決して追われないこと

時間は積極的に追う形で流れに乗ってしまいましょう。流れに乗っているときは流れのパワーを自分の力に利用することができます。

でも、ひとたび追われてしまうと、自分でコントロールできないばかりか流されてしまって、自分の力を奪われてしまうので、時間に追われないように気をつけましょう。追われているときは、

精神的にも追いつめられて「負のスパイラル」におちいりやすくなります。

「ついで」の力を利用する

「ついで」に何かするようにすると、あらためてそのことのために時間や労力を使わなくて済みます。

なるべく「一筆書き」の要領で「ついで」の力を借り、二度手間をなくすようにすると自分時間が格段に増えます。

時間は自分が置かれた状況で「ものさし」が伸び縮みする

時間は自分が置かれた状況で「ものさし」が伸び縮みするので感じ方が変わります。

経験的にわかると思いますが、忙しいときとゆとりがあるとき、朝と夜、平日と休日など、その状況によりものさしが変わったように感じ方が変わります。つまり時間は伸び縮みするものなのです。

そのことを理解していれば、それを逆手にとってゆとりある時間を持つことが可能となります。

選択することに時間をかけないこと

人生においては、とても大きな選択をしなければならないときがいくつかあると思います。

でも日常の選択、「何を食べるか」「どの店で買うか」などの小さなことにあまり時間をかけないようにしましょう。どちらにしても大差ないのですから。メニューが決まらない、買い物に時間がかかるといった時間の浪費の積み重ねが自分時間を浸食していきます。

心を亡くすと書いて「忙しい」、亡くした心と書いて「忘れもの」

忙しいときって人になかなかやさしくできません。殺気だっていませんか？　言葉遣いや態度が雑になっていませんか？

心を亡くすと書いて「忙しい」。また亡くした心、どこかに忘れてきたのでしょうか？

モノやコト、心を亡くさないように気をつけましょう。

時間をつくることに時間を使おう

いろいろ考えたり、工夫したりすると、時間を節約したり、増やしたりすることができます。

何も工夫をしないでやみくもに時間を使うよりも、「遠回り」だと思っても一旦立ち止まって「時間をつくる」ことを考えたり「仕組み」をつくったりすることにじっくり時間をかけてみましょう。

「先延ばし」は時間の借金である

ものごとを先延ばししても、いずれはやらなければなりません。

今できることを後回しにするのは時間を借金しているのと同じです。時間が進むにつれ、どんどんやることが増えていき、ゆとりがなくなるので、利息が雪だるま式に増えていくように精神的な負荷がどんどん増えていきます。結局デッドラインになってクオリティの低い仕事をアウトプットすることになります。

できるだけ早くやってしまいましょう。

時間の貯金「貯時間」をしよう

「先延ばし」と反対に「先取り」してものごとを進めると、時間にゆとりができます。そのゆとりをアクティブなことに再投資することによって自分時間が雪だるま式に増えていきます。ある意味、時間の貯金「貯時間」をしたことになります。できるだけ自分のために時間の貯金をするように心がけましょう。

後でやってもかかる時間は同じ

ものごとを後回しにしても、かかる時間は同じです。そしていずれはやらなければならないのです。

それならば、手持ちの作業を1つでも減らして身軽になってしまいましょう。精神的なプレッシャーからも解放され、楽に生きられます。そして、「後ろめたさ」からも解放されます。

時間はスーツケースにものをつめるのと同じである

時間はスーツケースにものをつめるのと同じです。つめ方次第で入れられる量が変わってきます。コツは、大きなものから詰めていき、スキマがないように形や大きさを見ながら詰めていきます。また、限られた大きさしかないので、不要なもの、使う頻度の低いものは入れないようにしましょう。時々、「こわれもの」や「貴重品」がありますので、その取り扱いには十分に注意をはらいましょう。

「時間不足」は「時間不足感」である

「時間が足りない」という状況は、実は「時間が不足している」と感じるところから生じています。同じ時間でも自分でコントロールし、タスクを要領よくさばき、全体が見えていると、「不安」や「あせり」を感じることがないので「時間不足感」は生じません。タスク量が多くて、本当に時間が足りないのであれば、「できることだけ」にしぼってやるようにしましょう。

限られた時間の中では「できることだけ」をやる

限られた時間の中では、「できること」から手をつけ、「できることだけ」をやるようにしましょう。

時間が限られている状態で最大限のパフォーマンスを出していくには、「できないこと」に着目するのではなく、まず「できること」から手をつけ、1つでも多くの完成品をつくっていきます。確実に成果が上がってくるので、精神的にも落ち着き、全体がよい方向に好転していきます。

そのうち、「できないこと」自体が不要となることもありますので、とにかく「結果」「実績」を残しましょう。

「1日何もしない」ということは、「何も書かれていない白い紙を積み重ねる」ようなものである

「今日1日何もしない」ということは、「何も書かれていない白い紙を積み重ねる」ようなものです。それを毎日続ければ、やがて「白紙の本」ができあがります。

あなたは、何も書かれていない無意味な本をつくりたいですか？

そうならないように毎日のページに何か書き記すようにしましょう。

待ち時間は「神さまがくれたブレイク」と考えよう

不意に待ち時間ができることがよくあります。

そんなときは「待たされた」「ムダな時間だ」と思わずに、「神さまがくれたブレイク」と思って積極的に休んでしまいましょう。

無理に予定を入れても中途半端ですし、後のスケジュールを圧迫するリスクもあります。

「時間を売る生き方」はしない

ビジネスマン、サラリーマンは月給、パートタイマー、アルバイトは日給、時給という形で、私

たちは「時間」と引き替えに給料を稼いでいます。もちろん「労働の対価」として・・・。

残業したところで「時間単位」です。時間を「切り売り」してお金をもらっているとも言えます。

さらに言い換えれば、自分の命、寿命を切り売りしてお金をもらっているということなのです。

自分の命1時間はいくらでしょうか。1分いくらでしょうか。売った時間は二度と戻っては来ません。

それでもあなたは残業しますか？

「週末」は木曜日の夕方からすでに始まっている

週末は土曜、日曜だけではありません。

金曜日の夕方からの時間を楽しむことができます。その金曜日の夕方からの時間を楽しむためには、その日の仕事のダンドリが大切で、さらに言うと、木曜日のダンドリがとても大切になります。

金曜日1日の仕事をスムーズに進めるために、木曜日にうまくダンドリをする必要が出てくるのです。

そういう意味で、週末を楽しむためには木曜日がポイントになります。つまり、週末は1週間の半分、木曜日の夕方から始まっているのです。

細切れ時間は「砂金」と同じである

細切れ時間は砂金のようなものです。集めればとても大きな金塊になります。そして大きな価値を生みます。

少しの時間もムダにしないように大切にしましょう。

「手帳を開くこと」は「人生を拓く」こと

手帳は「ワーク」「ライフ」「パーソナル」バランスをとるための大切なライフツールです。

単にスケジュールや行事を書き込むだけのためではなく、自分の生き方、行動のしかた、大切な人との約束など、自分の生涯に関わる大切なツールです。手帳を開くということは、すなわち人生を拓くことにつながるのです。


時間というものは、「あわてている時は足りない」が「ヒマな時は余る」ものである

時間というものは、自分がおかれた状況により感じ方が変わり、伸びたり縮んだりします。

約束の時刻に間に合わないとき、電車に乗り遅れそうなとき、テストのときなどは「足りない」と感じますが、やることがないときは「時間をつぶす」というようにヒマを持て余してしまうものです。

これをコントロールできれば素敵だと思いませんか?

時間の「ものさし」、つまり主観的には時間は伸び縮みするということを理解し、それを逆手にとって気持ちや環境・状況を調整して、ゆとりある時間を過ごしましょう。

本はたった数時間で他人の人生を教えてもらえるツールである

読書の素晴らしさは、その本を書いた人のノウハウや哲学、人生をたった数時間で追体験できるところにあります。こんなに素晴らしいツールきはありません。

昔の人が書いた本も読むことができるのです。まさに「タイムカプセル」です。ものすごい圧縮率の時間貯金ではないでしょうか。

本を読まないという選択肢はありません。

身の丈にあった道具を使う

道具は何かを成し遂げるために使います。

その道具自体を使いこなすのにテマヒマかけるのは本末転倒であまり意味がありません。

使い方が複雑でわかりにくかったり、練習やスキルが必要で、その道具を使うこと自体が難しいものを使うと、本来の目的を達成するために大きくまわり道をしてしまいます。

また、不要な高機能の道具も必要ありません。余計な機能がついていたり、目的以外のさまざまな用途に使えるとしても、今は必要ありません。設定や準備に時間がかかったり、覚えるのにテマがかかったりします。

大切なのは、「目的を達成すること」なのです。決して「道具を使うこと」ではありません。必要十分、身の丈に合った道具を使うことで、無用なテマヒマの浪費をなくして自分時間をつくりましょう。

ペン立てを整理する

つきつめて言ってしまえば、ペン立てはいりません。

その作業に必要な筆記具だけ用意すればよいのです。同じ機能のモノが複数あったり、あまり使わないモノ、使いにくいモノ、使えないモノが占領していませんか？　さがしたり、よけたりするのもひとテマかかります。それならばいっそのこと、ペン立てをやめてしまいましょう。

たいがいのことは、４色ボールペン＋シャープペンのマルチペンで用が足ります。家でも外でもこれ1本持っていれば不自由なことはないと思います。

あなたもぜひ試してみてください。

時間が足りないときこそ本を読む

時間が足りないと感じたときは、何かに追いつめられていたり、焦燥感や不安で心がいっぱいになっています。

そんなときこそ、そのタスクに関係すること、生き方、考え方、時間の使い方などの本を読みましょう。

何か必ずヒントが見つかり、「氷がとけるように」、「霧が晴れるように」視界が広がることが多いものです。

ぜひ、今日1冊手に取って読んでみませんか。

ライフツールを身につけて持ち歩く

いつでもどこでもアクティブに活動できるように、ライフツールを身につけて持ち歩くことをおすすめします。定期券、免許証、保険証、身分証、診察券、クレジットカード、キャッシュカード、名刺（2枚）、緊急用現金（5万円）、ポストイット（3枚）、手帳用ミニペン、家のカギを名刺入れに入れてベルトワイヤーにつけてポケットに入れておきます。

これに加え、上着のポケットに手帳、携帯電話、マルチペン、ポストイット、印鑑を入れて持ち歩くと、いつでもどこでもたいがいの仕事や手続、行動ができます。

仕事の行き帰り、時間が空いたとき、待ち時間などにさまざまなことができるようになり、結果的に自分時間を格段に増やすことができます。

マルチペンとポストイットを家中に置く

外出のときに持ち歩くだけでなく、家の中でもアイデア、タスクなどを思いついたときにすぐメモできるように、家のあらゆる所にマルチペンとポストイットを置いておきましょう。

とくに、トイレ、ベッドルーム、脱衣所、キッチンなどでは、アイデアを思いついたり、ふと用事を思い出したりすることがあります。でもまたすぐに蒸発して消えてしまうので、その場でメモすることが大切です。

ぜひ試してみてください。自分時間を有効に使えるようになります。

満員電車を避け、座れる電車に乗る

同じ時間を過ごすのであれば、「何もできずただ苦痛なだけの満員電車」よりも、「座れる電車」のほうが快適です。考え事をするにも、雑音や刺激が少なくて集中できます。

トラブルや不意の時間泥棒を遠ざけることもできますので、「満員電車が好き」という人以外は1日2時間、年に約1か月の時間をムダに過ごさないようにしましょう。

バッグインバッグで入れ替えをスムーズにする

ビジネスでもプライベートでも持ち歩くような基本的な共通アイテムは、小さなポーチやバッグに入れて、カバンを変えるときはそれごと入れ替えをすると、時間もかからず忘れ物もなくなります。

昼休みや旅行などもそれを持ち歩けばいつもアクティブに活動することができます。

メンテナンスフリーの道具を使う

メンテナンスに時間や手間のかかる道具はなるべく使わないようにしましょう。

道具はそれを使って何かを成し遂げるために使うものです。「それを使うこと」自体が目的ではありません。

道具を使うこと自体が趣味につながるのでなければ、なるべくメンテナンスフリーの道具を使い、自分時間を有効に活用しましょう。

１週間分の着る服を決めておく

週末の金曜日（木曜日）に、翌週着る服をあらかじめ決めておきます。

朝の時間に迷わなくて済みますし、準備する時間も一度で済みます。出がけに「あれがないこれがない」というさがしものもなくなり、動線もスッキリします。

また、日曜日の夜に準備をすると、ブルーマンデーの引き金にもなりますので、週末にやっておきましょう。

道具は定位置、使う場所の近くに置いておく

何かをしようと思ったとき、道具を探すことは時間の浪費です。道具を探すことに時間を費やし、本来やりたいことができないのは、本末転倒です。

道具は定位置を決め、使い終わったら元の位置に必ず戻す習慣をつけましょう。また、使う場所の近くに収納し、使うこと、取り出すことにテマヒマかけないようにしましょう。

予約をしておいて行列には並ばないようにする

食事、乗り物、手続など、あらかじめ予約のできるものは事前に予約をしておきましょう。予約をするひとテマをかけることで、行列に並ぶことがなくなるといった時間的なメリットがあります。

また、売り切れ、お休み、トラブルといったこともなくなるので、大きな時間の損失というリス

クも避けることができます。

そして、優先的にサービスを受けられるという精神的なゆとり、優越感、安心というおまけまでついてくるのです。

ぜひ予約の習慣をつけましょう。

専門のサービスを使う

多少お金がかかっても、専門のサービスを使うことをおすすめします。

専門サービスを受けると、そのことにかかる自分のテマヒマだけでなく、そのことを自分が上手にできるようになるためのスキル獲得・時間、道具の準備や片づけのテマヒマ・コストなどをする必要がなくなり、格段に自分時間が増えます。たとえば、洗車、エアコン掃除、庭木の手入れ、日曜大工、料理、家事など身近なことでもいろいろあります。

専門のサービスを使い、自分時間が増えた分家族のため、自分のための時間を有意義に使いましょう。

時間活用ツールを使って頭の中をスッキリ空っぽにする

手帳やタスクリスト、時計、タイマー、アラーム、リマインダーなどの時間活用ツールを使って頭の中をスッキリさせ、今のタスクに集中できる環境をつくりましょう。

そして、気になること、不安なことを頭の外に出し、心の安定をはかりましょう。

「今」に集中することでタスクのスピード、クオリティが上がり、結果的に自分時間が増えることになります。

関連情報を一カ所にまとめておく

日常的なことで言うと、食事の「デリバリーサービス」・「てんやもん」のメニューをクリアファイルに入れてひとまとめにしておくといったことです。

何か注文したいときに、探したり、集めたりするテマヒマがなくなり、スムーズに頼むことができます。

仕事でも同じことが言えます。一事が万事です。

紙と布をなるべく減らす

「紙」と「布」はそこにあると乱雑に見える、つまり片づいていないように見えるのです。しかも次から次へと増殖するという性質を持っています。

そればかりか、「必要なモノを隠す」という恐ろしい性質も持っているのです。

ですから、必要のない紙や布は整理整頓しておかないと、モノを探すテマヒマ、片づけるテマヒマ、心理的な圧迫、不快感などをどんどん倍増させることになります。気がついたら片づけるようにしましょう。時間の節約になります。

週末の買い物は帰りがけに済ませる

生活に必要なもの、不足しているものを週末に買おうとすると、ある一定時間をその買い物に費やさなければならなくなり、買い物自体の時間、行動、移動時間、思考も拘束されてしまいます。それを避けるためには、平日の帰りがけに「ついでに」買い物をしてしまいましょう。仕事帰りのルートではたいがいのモノが手に入るので、そのほうが休日を有意義に過ごせます。

月曜朝一の仕事は金曜日のうちにダンドリ・準備をしておく

月曜日に出勤したときにやる仕事を日曜日の夜に考えるとブルーマンデーになりやすくなります。頭のスミに仕事のことがあると休日の午後から気になり、だんだん増殖していきます。ですから、金曜日の午後にダンドリをとって準備も済ませてしまいましょう。そうすれば月曜日の朝は「ただ行くだけ」です。そうやって職場に着くまでの爽快感をぜひ体感してみてください。

財布の中に5円、50円、500円、5000円を入れない

財布の中身をシンプルにしましょう。

最近はキャッシュレスが進んできましたが、まだまだ支払いのとき、レジで細かいお金をさがして後ろに行列をつくっている人をよくみかけますよね。あなたもそうなっていませんか。

財布に入れる金種を限定することによって計算・支払いが格段に早くなります。

「5」の数字を含めた組み合わせ、おつりのもらい方を頭の中でいちいち計算するよりも、なるべくそれらを財布から早く追い出してしまったほうが時間の節約になります。2000円札は瞬時に使ってしまいましょう。レジ渋滞が緩和されます。

「植木があって旅行にいけない、動物がいて動けない」それなら持たなきゃいい

よく「植木の手入れや水遣りがあって旅行にいけない、動物を飼っていてその世話があるので動けない」という人がいます。

確かにそのとおりなのですが、旅行に行けないことや外出できないことを理由にするのであれば、「それなら持たなきゃいい」のです。理由をつけて「やらない」言い訳をするのではなく、なんとか努力や工夫をして、やれる環境をつくることが大切なのではないでしょうか。

そして、自分の人生の時間を大切にしたほうがいいと思います。

「やりたくないこと」はやるかやらないか決める

「やりたくないこと」のうち、「やらなければいけないこと」はやりましょう。

でも「やったほうがいいこと」「やってみてもいいこと」「やらなくてもいいこと」などは、自分でやるかやらないかを決めて動くのが正解です。そんなことをあれこれずっと考えていてもしかたありません。むしろそのことによって、人生の大切な時間をロスすることのほうを恐れましょう。

ここまで、時間についていろいろ考えてきましたが、普段「雑感」として私が思うことをいくつか書きます。

①「命」と引き換えに「時間」を得る、「時間」を売って「お金」を得る、「人の時間」を「お金」で買う、「時間」と「お金」で「人生」を創る、だから大切に使いたいと思います。

②自分が病気になって余命宣告をされたとき、たとえば「あと3か月」と言われたら、時給1000円で働けるだろうか？　たとえ1000円払ってでも1時間長く生きたいと思わないだろうか？　今の1時間も死ぬ前の1時間も同じ1時間なのだから今を大切にしたいと思います。

③時間を買う意味は、その成果物を自分がかけている時間より短時間に効率的に得られるということにあるのです。それが対価として高いか安いかは自分で決めることが大切です。

④「ほんのひとかけらの時間」は意識していないが、やがて「人生」という大きな塊となります。あたかも1枚1枚の薄い紙を積み重ねて1冊の本をつくるように…。空っぽのときを積み重ねていくと空っぽの人生、白紙のページを積み重ねていくと真っ白で何も書かれていない本ができあがります。

⑤もし自分の「命のろうそく」を見てしまったら、どちらにしても「努力しない人」になってしまうだろう。同じようにタイムマシンで「未来の自分」を見てしまったら、やはり「努力しない人」になってしまうだろう。いつ終わるかわからない限りある命だからこそ、人は前向きに努力することができるのだと思います。そんなことをよく考えてしまいます。あなたはいかがでしょうか。

7章

「人生」のトリセツ

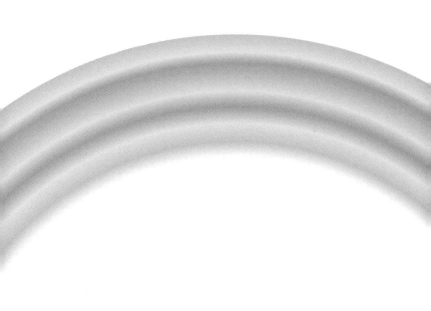

1　ワーク・ライフ・パーソナルバランスにおいて「パーソナル」を考える

ワーク・ライフ・パーソナルバランスとは

最近「ワーク・ライフバランス」という言葉をよく耳にします。

「仕事とプライベートのバランスが悪く、仕事中心になってしまっているので、仕事を早く終わらせ（切り上げ）、プライベートを充実させましょう」という流れ、考え方です。

これらのバランスがわるいと、心身ともに調子をくずしてしまいます。

そこで、私は生活を単に「ワーク（仕事）」と「ライフ（プライベート）」の2つに分けるだけではなく、そこに「パーソナル」という言葉・概念を入れてライフ・ワーク・パーソナルバランスと考えるようにしています。

要は「ワーク・ライフバランス」の「ライフ」の中には「家族・生活」と「個人・趣味」の2つの領域があるので、この「個人・趣味」の部分を「パーソナル」として分けて考えたほうがうまく時間が使えると思うのです。

つまり「仕事時間」と「生活時間」という2つの時間のほかに、私たちが子どもの頃から持っている「個人の時間」「自分だけの時間」というものがあり、1人で好きなことをやったり、のんびりと息抜きをしたり、じつは私たちにはそういった時間がとても大切なのです。

逆にこの「パーソナル」を入れて考えないと「時間術」というもの自体も破たんしてしまいます。
そういう意味で私は「ワーク・ライフ・パーソナルバランス」という考え方を提唱しています。

なぜ「ライフ」と「パーソナル」が大切なのか

「あらためて説明する必要はない」と言われるかもしれませんが、実際に今、私たちの生活は「ワーク」中心になってはいませんか。

また「朝時間」も「アフター5」も「休日」も、頭の中は1日中「ワーク」だらけということはありませんか。

そして「でも仕事だから仕方ない」「仕事が優先だから」と自分自身に言い聞かせていませんか。

子どもの頃を想い出してみてください。私たちの中には、はじめは「パーソナル」な世界しかありませんでした。

「ものごころ」がついてしばらくの間、毎日自分の世界で好きなことをして、楽しく遊んでいました。母親も自分中心に動いてくれるし、お友達と遊んでいても自分の好きなことをしていられました。

とても楽しくてあたたかい、まさに「パーソナル」な世界です。

そのうち、家族それぞれに用事や人格があることを知ったり、家族でお出かけをしたり、「父の日」「母の日」「敬老の日」「お誕生日」などお互いに感謝したり、祝ったり、プレゼントをしたりするようになり、家族との関わり、つまり「ライフ」の世界を意識するようになりました。

そして、小学生ぐらいになると、学校の勉強や習い事など、1日や1週間の予定、時間割、スケジュール（アポイント）とともにさまざまな課題（やること・タスク）が出てきます。

この辺から私たちは少しずつ「アポイント」や「タスク」とつき合うようになるのです。つまり「ワーク」の世界に入ってくるのです。

やがて成長し大人になると、いつの間にか「ワーク」中心の生活となり、相対的にどんどん「ライフ」と「パーソナル」の時間が小さくなってしまいます。

時々「子どもの頃はよかったなぁ」とか「もう一度子どもの頃に戻りたいなぁ」などと思うことはありませんか。それはきっと「ワーク」の部分が大きくなりすぎて、心が疲れているのです。「本当の自分」が悲鳴をあげているのかもしれません。

もしそうならば、（本当に子どもの頃に戻ることはできませんが、）少し「ライフ」や「パーソナル」の時間を増やして、「本当の自分」を取り戻してみてはいかがでしょうか。

そのためにこれからいろいろお話していきますが、それはすべて「本当の自分がしたいと想うことをするためへの道のり」だと思ってください。

「ワーク」の世界の「重たい鎧」を脱ぎ捨てて、「本当の自分の心」に近づいていくととてもあたたかく、リラックスしたやさしい世界が待っています。少しでも多くそんな時間がほしいと思いませんか。

「本当の自分」「等身大の自分」は、じつは「ライフ」や「パーソナル」の中にいるのです。特に「パーソナル」の世界は「素直で」「純粋で」「天真爛漫で」「我がままな（あるがままの）」自分の世界です。「気楽で」「ほっとする」あたたかい世界です。人生の中でもしこの世界がなければ、自分が自分でなくなってしまいます。本当の自分はそこにいるのです。ですから「ライフ」と「パーソナル」は大切なのです。今こそ「ライフ」と「パーソナル」の時間を増やし、本当の自分を取り戻しましょう。

ワーク・ライフ・パーソナルバランスがとれないと、ゆとりがなく、楽しくない

私たちは人生において、「仕事人」「家庭人」「個人」という3つのキャラクターを同時に持っています。「3つの時間」のどれも自分の時間です。その3つがうまくバランスがとれていると豊かで幸せな時間を過ごせるのですが、現代の私たちはなかなかバランスがとれていないのが現状ではないでしょうか。

バランスがわるい原因はずばり「やることが多い」ということです。そしてその「やること」の大半は「ワーク」（タスク）なのです。

ほとんどの人が1日の中で「ワーク」（仕事）の部分が大きくなりすぎてしまった生活をしています。このためいつも時間に追われ、時間不足（実際は「時間不足感」）にさいなまれています。「ワーク」が大きくなりすぎると、それに押しつぶされて「何のために働くのか」「何でここまでして働

かなければいけないのか」と考えてしまいがちです。

この対処法として、唯一効果があるのは、ワーク・ライフ・パーソナルバランスをとるために「ワーク」の比率を下げることです。その中でも特に「タスク」を減らすことが不可欠です。

ほとんどの人が自分の時間の中に「もうこれ以上詰め込めない状態」なのに、「ワーク」の比率をさげることをせずに、そこに「ライフ」や「パーソナル」を無理やりつめ込もうとするから失敗するのです。全体の総量を見てとにかくまず「ワーク」を減らしましょう。

ビジネスマンだけではありません、自営業、専業家庭人、経営者、在宅ワーカーなどを考えてみてください。「自宅」が「職場」になっている場合、「ワーク」と「ライフ」、「パーソナル」の線引きが難しくなり、どの時間が「ワーク」なのかわからなくなることがあります。

仕事が忙しければますますその傾向が強くなり「ワーク」の比率が高くなりがちです。そして「ワーク」が大きくなりすぎて「ライフ」や「パーソナル」がほとんどない状態になることがあります。

ですから「ワーク」を減らし、逆にプライベートを充実させると、人生や生活に「ゆとり」や「メリハリ」ができます。プライベートの中には、「ライフ」と「パーソナル」の部分があるので、それぞれを充実させることが大切です。「パーソナル」まで充実してくると人生がとても楽しくなります。アクティブに活動したり、「ゆとりの時間」を持ったりしましょう。そして、その中でも特に「ゆとり」の時間は大切です。

「リラックス」や「いやし」「あえて何もしない時間」は「至福の時」ですから意識的に持つよう

にするとよいと思います。私は「音楽」「コーヒー」「散歩」などの時間を持つようにしています。つまり「パーソナル」自体にも「ＯＮとＯＦＦ」のバランスが必要なのです。

ですから「バランス」と「ＯＮとＯＦＦ」の両方を考えてみるとうまくいくと思います。

「ワーク（仕事）」「ライフ（家族）」「パーソナル（個人）」というバランスがとれてこその人生です。

そして、「ゆとりを持つ」さらに「楽しく過ごす」というハイレベルなことができるようになれば、１人前の「時間使い」です。あなたもぜひそうなってください。

2　プライベートを楽しむコツ

「本当の自分」を豊かに生きる

「ワーク」（タスクとアポイント）の部分が上手にさばけるようになると、自然と「ライフ」と「パーソナル」に気持ちが向くようになり、充実してくるはずです。本当の自分はその中にいます。

時間の主（あるじ）となる

「ワーク」も「ライフ」も「パーソナル」もすべて自分の時間ですので、自分自身が時間の主（あるじ）となって、積極的にバランスをとっていきましょう。

今までいかに家族との時間や自分自身の時間が少なかったかが実感できると思います。

今からでも十分間に合いますので、豊かで幸せな人生にしていきましょう。

さて、ここだけの話ですが、これから私自身が心がけていることを内緒で少しだけお教えします。本書の読者であるあなただけの「特別サービス」です。

実際私はこれで幸せになっています。よろしければためしてみてください。とても単純なことなので今日からすぐ始められます。

まずその前段階として「プライベートの時間を楽しむための5つのコツ」をお教えします。

「週末」は木曜日の夕方からすでに始まっていると考える

週末は土曜、日曜だけではありません。

金曜日の夕方からの時間を楽しむことができます。

その金曜日の夕方からの時間を楽しむためには、その日の仕事のダンドリが大切で、さらに言うと、木曜日のダンドリがとても大切になります。

金曜日1日の仕事をスムーズに進めるために、木曜日にうまくダンドリをする必要が出てくるのです。

そういう意味で、週末を楽しむためには木曜日がポイントになります。

つまり、週末は1週間の半分、木曜日の夕方から始まっているのです。

休日の前の日は夜ふかしをしない

休みの前の日はうれしくなってしまってつい夜ふかしをしてしまいがちです。

夜ふかしをすると、朝寝坊になるだけではなく、生活のリズムをくずしてしまうことになるので、ブルーマンデーを引き起こしやすくなります。

休日の朝、ゆっくり寝てしまうと、せっかく予定していた楽しいことができなくなり、後悔し、自己嫌悪におちいる「負のスパイラル」を起こしてしまいます。

夜やりたいことは、逆にその分早起きしてやればよいのです。時間は一緒ですから・・・。

それほどまでしてやる必要のないことは、夜やる必要もないのです。

早起きは「自分のため」にする

早起きしても結局仕事をしたり、生活時間に使ってしまったりすると、「何のためにがんばって早起きしたのか」と疑問を持ってしまい、モティベーションが下がり、続かなくなります。

早起きは「自分時間」をつくるため、そしてその自分時間で「パーソナル」のことをするために使いましょう。そうすると、だんだん人生が充実してくるようになります。

ですから、早起きは「自分のため」にすると決めましょう。

経験的には、朝の時間はあっという間に過ぎ去ってしまいます。「今日は何しようかな」とあれこれ考えている暇はありません。即断即決が大切です。

「早起きはつらい」は単なるイメージである

「早起き」はつらい、きつい、苦しい、しんどいというイメージを持っていませんか。たしかに早起きを始めたときはそうかも知れません。冬の暗くて寒い時期などは、ふとんから出るのがおっくうになります。

でも、いずれにしても1日に1回は必ず起きなければならないのです。早くても遅くても起きることは一緒なのです。そうなのであれば、早起きして、充実した1日を過ごしませんか。

休日の朝もいつもと同じ時刻に起きる

休日の朝はつい朝寝坊してしまいがちです。そんな経験ありませんか。

でも遅く起きてしまった日はスロースタートで何となくダラダラ過ごしてしまって、結局「今日1日何をしていたのだろう」という後悔と自己嫌悪におちいり、夕方からは「ブルーマンデー」になります。

逆に早く起きると、平日のいつもの身支度の時間、通勤の時間、仕事の時間、帰宅の時間すべてが「自分時間」となるのです。こんな素晴らしいことはありません。

試しに、いつもの身支度の時間、通勤時間、仕事の時間、帰宅の時間などを全部足し合わせてみてください。そしてそれが1か月分、1年分になったことを考えてみてください。

きっと豊かな人生になるのではないでしょうか

3 大切な家族とのひとときを大切にする

「ライフ」(家族)

「ライフ」つまり「家族との時間」についてについて「大まじめ」に考えたことはありますか。何も「肩ひじ張って」考えなくてもよいのです。

一番大切なことは「一緒にいること」「楽しむこと」「お互いを大切にすること」です。

何かの縁で家族になったのですから大切にしましょう。

きっかけやイベントは何でもよいのです。あれこれ考えすぎず楽しみましょう。でもじつはそこにもいくつかのコツがあって、今までの経験から、というより子どもの頃から身についている楽しみ方があるのでご紹介します。

一緒にいること自体を大切にする

家族と過ごすときに、一番大切にしたいことは何でしょう。それは「一緒にいること、一緒に時を過ごすこと」です。

もちろん、イベントや活動内容も大切なのですが、「今、ここで大切な家族と一緒にいられて幸せだな」と思うことが大切です。「家族それぞれが自分の時間を調整して同じ時間に集えること」「みんなが健康で心配がないこと」「お互いの笑顔が見られること」「何気ない会話を交わせること」それらすべてが「たからもの」です。

旅行、コンサート、映画、スポーツなどのイベント、散歩、買い物、公園などのちょっとしたお出かけ、食事、お茶会、ホームパーティ、一家団欒など何でもよいのです。

次にまたみんなで楽しく集えるのは、果たしていつなのか、いつまで一緒にいられるのかなどについて思いを馳せてみるとよいでしょう。

「今、ここで」大切な家族と一緒にいられる幸せをじっくり味わいましょう。

家族それぞれの楽しみに着目する

イベントや活動内容は何でもよいのですが、せっかくならみんなで楽しめるほうがよいと思います。それぞれの興味関心事は違いますので、全員が一度に満足する活動を探すのはたいへんです。特に子供が小さいときなどは「やりたいこと」や「行きたいところ」がいろいろあり、家族で調整するのもひと苦労です。

そんなときは、それぞれの楽しみを少しずつ入れて予定を立ててみたり、「今日は○○中心の日にしよう」と主役を決めてみるとよいと思います。

与えられた環境や条件、許される状況でどんどん楽しむ、とことん楽しむことが大切です。そして、次回の主役も決めつつその時間を楽しみましょう。

その日のテーマを1つに絞り込む（1点豪華主義）

休日は思ったより時間がありません。「気がついたらもうお昼」なんていう経験も多いと思います。前日までは「あれもしよう、これもしよう」と考えていますが、つい夜更かし、朝寝坊のパターンになってしまい、1日の終わりには「あまり遊んでないけど疲れた」となりがちです。

そうならないためには、その日のテーマを1つに絞り込むとうまくいきます。あらかじめ家族に「明日は○○の日にしよう」と話しておいて、みんなでその気分を盛り上げていきます。当日はその活動だけでは時間が余ってしまう場合はプラスアルファのオプションをつけたり、少しグレードを上げてみたりしますが、まずは「家族が楽しめてよかったな」「今日は満足したな」という気持ちになるように1点豪華のテーマをつくります。

あれこれやって結局「疲れたね」となったり、「今日は何をやったのかわからない」となると、せっかくの時間が台無しになってしまいます。

「モノ」より「想い出」を大切にする、そしてプラスアルファ（シャンパン、花束、ケーキ）

よく言われていて使い古されている言葉かも知れませんが、「モノ」より「想い出」が大切だと思います。

家族みんなでする体験や経験は何事にもかえがたい「たからもの」です。

単にモノで残すよりも、「非日常の体験」や「お金で買えない経験」を共有し、「想い出」に残したほうが幸せです。

私はそこにプラスアルファを提案します。

毎回ではありませんが、お祝い、記念日、旅行などでは「モノ」にも活躍してもらっています。たとえば誕生日や記念日などには「シャンパン」や「花束」「ケーキ」などのサプライズを用意します。これらはいわゆる「消えもの」と言われるもので、飲んだり食べたりすればなくなり、花も長くは残らないものですが、その大切な時を飾るものとしては大いに活躍してくれます。時には、そんな「モノ」の力を借りながら大切な家族との「想い出」をつくっていきましょう。

「楽しかったね、ありがとう」の気持ちを言葉で伝える

私は家族で1日楽しく過ごした日の夕食のときや1日の終わりに「楽しかったね、ありがとう」という言葉を家族みんなにかけるようにしています。

早起きして出かける準備をしてくれたり、みんなが気持ちよく過ごせるように少しずつ我慢してくれたり、やりたかったことを次の機会にまわしてくれたり、それぞれが楽しく過ごすためにがんばってくれた1日です。

お互いそれぞれの心の中では感謝の気持ちを持っているのですが、1日遊んで疲れてくると、不機嫌になったり、わがままが出てきたりします。それではせっかくの1日が台無しになってしまいますので、私からあらためて「楽しかったね、ありがとう」と声をかけるようにしています。

すると、自然とお互い「楽しかったね、ありがとう」と声をかけ合うようになり、ニコニコで1日を終えることができます。そうすると「次はいつ行く？　どこ行く？　何する？」と楽しい次の1日につながっていきます。ぜひためしてみてください。

4　幸せは家族の中にある

家族との時間は今しかない

なぜ私が家族との時間にこだわるのか、それは「今」しかないからです。

人それぞれいろいろな考え方がありますので、軽い気持ちで聞いてください。

人は生まれてから日々成長し、歳を重ねていきます。

生まれたばかりの赤ちゃんから、幼児、子ども、少年、青年、大人、親、そして老人となるまで毎日少しずつ歳を重ねていきます。

「またあたりまえのことを言っている」と思うかもしれませんが、じつはこれは「すごいこと」なのです。

人が毎日歳を重ねながら生き続けていくこと自体「すごいこと」なのですが、それ以上に、「家族として出会い」「共に暮らし」「同じときを過ごしていること」がすごいのです。

自分はたまたま両親のもとに生を受け、大切に育てられ、兄弟姉妹がいる人はまたそこで出会い、大人になって一生のパートナーと家族になる約束をします。そしてそこに子どもが生まれ、自分は親となり子どもを育てていきます。自分の両親やパートナーの両親は祖父母となり一緒に子どもを育てます。

たまたま「あるとき」「ある家」に生まれ、家族と出会い、一緒のときを過ごすのです。なんて運命的な出会いなのでしょうか。そして日々の楽しみ、悲しみ、苦しみ、喜びなどを共有し、同じ時間と空間を過ごすのです。このことだけでも「すごいこと」だと思いませんか。

ですから、まずこの運命的な出会いを大切にしましょう。

また、その家族も刻一刻と歳を重ねているのです。同じ日は二度とありません。子どもはすぐに大きくなります。大人は「あっという間」に歳をとります。つまり家族の時間には「今」しかないのです。

たとえば子どもが小さいときはみんな一緒に旅行に行っていたけれど、大きくなったら、勉強や習い事、クラブ活動や友人との約束などの予定が入り、なかなかみんなの予定が合わないということはよくあります。とにかく「今」を楽しむしかないのです。それこそ「ワンチャンス」だと思ってください。

また、自分が子どもの頃や若い頃反発していた両親が歳をとり、「老い」を感じるようになったとき、自分も子育ての真っ最中でしょう。子育てをしてみて、本当にはじめて親のありがたみがわかります。そして感謝の気持ちとともに、これから先、自分が両親に何をしてあげられるかを考えるのです。

そう思ったら、そのときすぐに動かなければなりません。電話1本、手紙やメール1通でよいのです。「今何してた」「元気にしてる」「今日何食べた」だけでもよいのです。「今、つながる」ことが家族には大事なのです。

過ぎてしまった時間は戻ってきませんが、家族との「今」を積み重ねていった結果が「想い出」になるのです。

ですから「今」を積み重ねていかなかった家族には「想い出」がありません。家族の「今」を1ページずつ積み重ねていくと「家族の想い出の本」ができあがります。そう考えると、白紙のページを重ねたくないですよね。

もう一度言います。家族の時間には「今」しかありません。そう心に刻んで家族1人ひとりの顔を見つめて「にっこり」してみてください。きっと幸せを感じます。

5 個人として「1人の時間」を楽しむ

「パーソナル」(個人)

「パーソナル」は本当の自分です。本当の自分は何がやりたいのでしょうか。

小さい頃の自分を想い出してみてください。

私は「歌」「お絵かき」「工作」「ブロック」「お散歩」「ダンス」「お手紙」「三輪車」などが大好きでした。そのうち「野球」「サッカー」「テニス」「ピアノ」「バイオリン」「クラリネット」「フルート」「トランペット」「ギター」「シンセサイザー」「オーケストラ」「サイクリング」「読書」「作文」「プラモデル」「ラジコン」などが好きになって、大人になってからは「読書」「執筆」「機械いじり」「スポーツ」「サイクリング」「オーケストラ」「旅行」「ドライブ」「映画」などが趣味になりました。

タスクが多い日々の中でも、前著『人生が爽やかに変わる時間術』でも書いたように、朝からこの「パーソナル」の部分を楽しんでいます。

大好きな音楽を聴いたり、本を読んだり、原稿を書いたり、そして大好きなコーヒーを飲みながらリラックスします。もちろん友人にメールを送ったり、SNSに投稿したりもしています。

学生時代から「文化祭男」と呼ばれ、文化祭、体育祭、クラブ活動や委員会、生徒総会、そしていくつもの習い事を同時にかけ持ちすることが多かった私は、家族や友人との時間もたくさん持ちながら、この「パーソナル」の部分を大切にしてきました。

やはりこの「パーソナル」の世界が小さくなりすぎると「自分が自分でなくなってしまう」感じがします。そして、家族や職場の人にもやさしくなれない気がします。

「忙中閑有り」というように一瞬でもよいので1人の静かなときを持ちましょう。そして「頭の中はいつでも自由」です。いつでも、どこでも、どんな時でも考えることはできますので、じっくり自分と向き合う時間を大切にしましょう。

また「ライフ」の部分、つまり家族との時間の中でも、この「パーソナル」の世界を楽しむようにしています。

たとえば、平日帰宅してから子どもたちと本を読んだり、絵を描いたり、一緒に楽器の練習をしたり、歌を唄ったり、音楽を聴いたり、休日も散歩やサイクリング、買い物、映画、図書館、美術館そして旅行など、「パーソナル」と「ライフ」の接点を拡げて、つまり「何のために」を広く設定して楽しむようにしています。

「ライフ」と思っている時間の中にも「パーソナル」として楽しめることがたくさんあるのです。それも含めて私は「パーソナル」の時間をエンジョイしています。

もともと趣味が多い私は、いろいろなことに興味があり、やり続けたり、学び続けたりしています。すると「何かの縁」や「出会い」でチャンスに結びついたり、結果が出たりすることが多く、とにかくその運を信じて一歩前に踏み出すようにしています。

等身大の自分の心に素直に耳を傾ける（やりたいこと、想っていること、伝えたいこと）

本当の自分の気持ちに正直になってやりたいことを考えてみましょう。

私たちはついまわりの人がしていることを見て、自分の行動を決めてしまいがちです。他の人がやっていること、行っている場所、通っている店、食べているもの、持っているモノなどいろいろ影響を受けています。

でもその中で本当に自分が望んでいることはどのぐらいあるのでしょうか。本当に望んでいることなのでしょうか。ほとんどはそうではありません。

本当に望んでもいないことに大切な命の時間を使ってしまってよいのでしょうか。自分の本当にやりたいことができないならそれはまさに「本末転倒」ではないでしょうか。

本当にやりたいこと、想っていること、伝えたいことを大切にしましょう。

チャンスのときのために好きなことを学び続けること

好きなことは、常に学び続けましょう。趣味や教養は少しずつでも途切れ途切れでもよいので続けましょう。どんなことでも1000時間続けることができると身につくといわれています。

また「チャンスはそれが準備できたときにやってくる」「チャンスの女神には前髪しかない」といわれるように、何かのチャンスに巡り逢ったときに、それを活かすことができます。そのことを通じて友人や仲間に出逢うこともできます。人生の「たからさがし」だと思って続けましょう。

夢を見るだけではなく、叶えるために行動すること

「夢は見るもの」ではありません、「叶えるもの」です。「絵に描いた餅」のままではいけません。

夢を描いたらそれに向かって第一歩を踏み出しましょう。

「動かなければ結果は出ない、失敗も成功もない」「打席に立たなければヒットもホームランも打

てない」ということです。夢のために動いているときは自分自身が生き生きとして輝いているものです。寝食を忘れて打ち込める夢は素敵だと思います。

まずは夢に向けてエントリーしましょう。

運を信じて一期一会のワンチャンスを活かす（人、本、モノ、体験）

夢に向かって動いていると、時々運命的な出会いがあります。人、本、モノ、体験など「たまたまの出会い」「偶然」を信じて、そして「何かの縁」を信じてそちらに舵を切ってみましょう。「えい、やぁっ」と飛び込んでみましょう。

すると、思いがけずよい方向に事が運ぶことがあります。あとから考えると「あの時のあの出会いがなければ、今の自分はなかった」ということもしばしば起こります。二度目はないのです。運を信じて一期一会のワンチャンスを活かしましょう。

朝や休日のゆとりのひとときを楽しむ

そして「パーソナル」の部分で忘れてはいけないのが「ゆとりのひととき」です。

人間にとってこのときこそ「至福のとき」ではないでしょうか。私の場合は、不安や心配ごとがなく、ゆったりと落ち着いた気分でコーヒーを飲みながら音楽を聴いたり、本を読んだり、映画を観たり、あるいは頭の中を空っぽにして散歩をしたり、サイクリングをしたりします。これがもっともぜいたくな時間の使い方ではないでしょうか。

すべての時間が「ON」では疲れてしまいます。「OFF」を積極的に楽しみましょう。

ただし、「ON」があってこその「OFF」なので、「ON」も精一杯活動しましょう。

6 シンプル・スマート・スピーディー

人生は、シンプル・スマート・スピーディー

私が目指すことの1つに「人生は、シンプル・スマート・スピーディー」というのがあります。

シンプルに考え、行動や生き方をスマートにし、ゴールにスピーディーにたどりつくという人生をエンジョイするための3S（スリーエス）です。それぞれの一言キャッチフレーズは、
シンプル「単純、簡潔、ストレート、直観、必要十分に」

スマート「賢く、無駄なく、手際よく、ダンドリ、先取り、さりげなく」

スピーディー「素早く、手早く、俊敏に、能率、効率、正確に」

ですが、その基本となる「シンプル」について考えたいと思います。

シンプルに生きると楽になります。でもなかなかそれができません。私もそうです。「シンプル」「シンプルライフ」とは、何を指すのでしょうか。「いろいろな人」が「それぞれの考え方」を本や雑誌、ブログなど様々なメディアの中で定義しています。あれこれ読んでいてどれもよさそうで迷っ

てしまいます。それでいいのです。人それぞれなのです。それぞれの生き方や価値観、人生観で決めていけばいいのです。

「シンプル」とは「わかりやすい」こと

まず最初に思うのは、シンプルなことはわかりやすいということです。

ものごとがわかりやすいというのはとても大切で、構造的にも内容的にもわかりやすいことにより、頭と心が整理されます。

構造的にわかりやすいということは、「構成要素が少なく全体がつかみやすい」「単純明快・簡潔でわかりやすい」「すっきりしていて簡単に理解しやすい」ということです。

内容的にわかりやすいというのは、「本旨が明確でわからないことがない」「本質的で理解しやすい」「必要十分でそれ以外必要がない」ということです。

そしてこれにより、頭と心が整理されている状態になるのです。

「シンプル」とは「気持ちがいい」こと

次に、心持ちとして気持ちがいいということが挙げられます。

シンプルな「場所」や「モノ」、「コト」に出逢うと、私たちはどんな気持ちになるでしょうか。

何もない空間、広い場所、整理された部屋などを思い浮かべてみてください。

おそらく「すっきりする」「ゆったりする」「清々しい」といった感情や感覚が生まれてくるのではないでしょうか。

そのような場所にいて、心がすっきりしてくると、やがて「楽しい」とか「面白い」とか「幸せ」という気持ちにつながっていきます。そしてそれが、お気に入りの場所やモノ、コトになります。

「シンプル」とは「楽になる」こと

シンプルという概念で最も大切だと私が思うのは、楽になることです。

これは、私が提唱しているライフスタイルの「テマヒマかけずにエンジョイライフ」につながるのですが、「人」「モノ」「コト」「お金」「情報」「時間」「空間」「心」「身体」「頭」から解き放たれ、自由になることです。煩わされることから解放され、関係性が少ない状況で気持ちが楽になります。

すると、テマヒマかからず、ストレスが少ない状態になります。

「自由」とは、「自分の心と正面から向き合い」、「自分の頭で考え」、「自分の足で立ち」、「自分の信念にもとづいて行動し」、「自分の責任において生きる」ということだと考えていますが、ものごとをシンプルに考えることで、何事にもとらわれず、自分の心にしたがい、「あるがまま」「ゆったり」「のんびり」人生を楽しむことができます。

何もしない時間（コトから解放）、何もない空間（モノから解放）、誰もいない場所（ヒトから解放）、何も考えない頭（情報から解放）、何もとらわれない心（自分から解放）が贅沢だと思います。

「シンプル」とは「安心する」こと

そして、シンプルとは「安心する」ことにもつながります。

安心とは、「心が安らぐこと」つまり、「不安がない」「心配がない」ということです。

不安は「漠然と心の中に浮かんでくる目に見えないもの」、心配は「具体的に目に見えるものごと」です。

ものごとがシンプルであると、わかりやすく、目に見えやすいので、「わからないことがなく」、「安定している」つまり「不安定なことがない」状態であり、「ホッとする」「安心する」ことにつながります。

「シンプル」とは「美しい」こと

また、ものごとがシンプルであれば、私たちは「美しい」と感じます。

シンプルであるということは、余分なものがそぎ落とされていて、無駄がなく、洗練されていることなのです。

そして余計なものがないので、飽きがくることがなく、要素が厳選されていて良質であることにもつながります。

「持ち物」も「生活」も「生き方」も「余分なもの」、「余計なこと」がそぎ落とされてシンプルになれば、どんなに美しく感じられることでしょうか。

「シンプル」』とは「迷いがない」こと

行動や生き方がシンプルになると、迷いがなくなります。

余計なことをあれこれ考えない、ものごとにいろいろとこだわらない、頓着しない、執着しない、欲をかかない、悩まないという行動や生き方をすると、ものごとの選択において、あれこれ迷わず選びやすい、いろいろ迷わず決めやすいという効果があらわれます。

「シンプル」とは「落ち着く」こと

最後に、私が目指す人生の境地として、『伽藍堂（がらんどう）』というのがあります。

これは、ある意味「シンプルライフの悟りの境地」とも言えるべきもので、雑音がなく、ゆったりとしていて、居心地のよい、落ち着く場所やコトのことを指します。

その境地に達することによって、落ち着いて動きやすい行動や落ち着いて取り組みやすい環境を手に入れることができます。

人生を楽しむことの「本質」

このように「シンプル」にはさまざまな面があり、このほかにも違う視点がいくつもあると思います。あらためて整理して書き出してみると、自分でもなるほどと思うことがたくさんあります。

私は、ものごとを「シンプル」にとらえることにより、自分の人生を豊かにすることにつながればと期待しています。

高校生のときに「テマヒマかけずにエンジョイライフ」というライフスタイルを提唱し始めて、これまで、著書、ホームページ、ツイッター、ブログなどでもずっと言い続けていますが、その根幹にこの「シンプル」という概念と先に述べた「シンプル、スマート、スピーディー」という道しるべがあります。

「なんとなく」ではありますが、この「シンプル」ということが、人生を楽しむことの「本質」につながるのではないかと最近思うようになりました。

最初に述べた、私の目標・ゴールとして考えている「人生は、シンプル・スマート・スピーディー」ということ、つまり、シンプルに考え、行動や生き方をスマートにし、ゴールにスピーディーに辿り着くという人生をエンジョイするための3S（スリーエス）をもう一度挙げてみます。

シンプル　「単純、簡潔、ストレート、直観、必要十分に」

スマート　「賢く、無駄なく、手際よく、ダンドリ、先取り、さりげなく」

スピーディー　「素早く、手早く、俊敏に、能率、効率、正確に」

これらに辿り着くよう、なるべく「シンプル」に考えていきたいと思います。

人生は「なにもない無」から「いろいろあった無」へ、つまり、何も持たないで生まれてきて、何も持たないで旅立っていくわけですが、その間にさまざまなことを経験し、同じ「無」でも全く違うものへグレードアップしていくプロセスそのものだと思います。

7　弱点と共に生きる

弱点と向きあった人生経験

あなたは「かっこよく」生きたいですか？

私は子どもの頃からずっと「かっこよく」生きたいと思っていました。「かっこわるい」のは嫌で「かっこよく」なりたいと思っていました。でも最近、「かっこわるくてもいいかなぁ」と自然と思えるようになってきました。「家族のおかげ」かも知れません。

かっこわるい自分、不器用な自分、でもそれが今の自分

私はよくみなさんに「苦手に不安に劣等感、世の中すべてにコンプレックス、そんなのみんな持ってるよ、あたりまえに持ってるよ」と伝えています。

人生のどの場面でもずっとありましたし、いつもピンチ、ずっとピンチだと思っていました。そして、もがいて、苦しんで、自分なりの解決策を見つけました。不器用でかっこわるいのを逆手にとってチャンスとして乗り越えていったのです。何度も失敗しながら、こうやって生きてきて、「悪くない、むしろこれでいいんだ人生は…」と思いました。

まるで毎日千手観音と百人組手をしているかのように、いまだにピンチの連続です。人と比べ、

自分と比べ、困って、焦って、悩んで、苦しみ、今までの人生やることすべて苦手なことばかり、心の中は不安なことばかり、人と比べていつも劣等感とコンプレックス、いつでもピンチな状況、そんなことばかりです。

簡単に私の生い立ちをお話すると、生まれたときは未熟児で仮死状態でした。すぐに保育器に入れられ、酸素吸入、高熱、注射、輸血と職場から駆けつける父が間に合わないとまで言われた状況でした。一命を取り留め、無事に育ちましたが、１人っ子で両親が長男長女の初孫ということもあり、子どもの頃は親戚一族の期待に押しつぶされ、少年時代はプレッシャーと葛藤し、大人の中で自分らしさを見失いかけ、思春期を悶々と過ごしました。

引き続き学生時代は生き方探しに苦悩し、社会人になってからも周りの人に遠慮し、やりたいことができない、言いたいことが言えないという人生でした。

家庭人としては、子どもが小さいと個人の時間がなくなりますし、やがて長い間両親の介護や看取りをすることにもなりました。

いろいろ経験してみてやっと最近、「苦手に不安に劣等感、世の中すべてにコンプレックス、そんなのみんな持ってるよ、あたりまえに持ってるよ」と伝えられるようになり、かっこわるい自分、不器用な自分、でもそれが今の自分なんだなぁ、と思えるようになりました。それぞれの時期に悩み、苦しみ、あれこれ試してみて何度も失敗しながら何とか生きてきたんだと「自分で自分を認める」というか「自分で自分を許せる」ようになってきたのです。

子どもの頃から持っているかっこわるい自分たち、弱点だらけの自分たち

まず、子どもの頃からつき合ってきた私のかっこわるい部分、7つの弱点を紹介します。たくさんあるので、ジャンルごとに箇条書きにしてみます。私は弱い自分に悩み、認め、弱い自分と向き合い、弱い自分を受け入れ、弱い自分と共生し、その力を借りて、がんばって生きてきました。この後、ライフスタイルなどについても正直に隠さず書きますので、共感していただけるところがあれば、参考にしてください。

あがり症・人目が気になる

あがり症で、人目が気になる。というか人目を気にしてしまう。人前に出ると緊張してしまうので、人前で何かをするのが苦手である。失敗したらどうしよう、恥ずかしい。かっこわるいと思ってしまう。人が自分のことをどう思っているか、どう見えるか、何か言われたらどうしよう、ダメな人間だと思われたらどうしようか。人の言葉を気にしすぎる。かっこつけ、うまくやろうとする、負けず嫌い、恥ずかしがりや、失敗したらどうしよう、口下手、うまくしゃべろうとするから余計にうまくしゃべれない、人前に出ること、人前で歌うこと、学校で発言すること、人前で話すこと。

劣等感、コンプレックス

つい人と比べてしまう、できないことが恥ずかしい、自分に自信が持てない、苦手意識、劣等感、

努力してできるようになっても「それでいいんだ」となかなか思えない、人から「できる」と言われても安心、納得できない、自分が納得するまでコンプレックスや劣等感は消えない、周りからのプレッシャーを受けやすい、勝手に無言のプレッシャーを感じてしまう、誰も何も言っていないのに「期待されている」と思ってしまう、プレッシャーに負けて、あせる、ピンチ、ストレス。

学校でも、かけっこ、水泳、ボール投げ、野球、お絵かき、工作、字が下手、作文が下手など。

人見知り・気が弱い

自分以外の他者、他者・他人の存在自体ストレス、人との心の距離がとれない、人が怖い、知らない人が怖い、相手がどんな人なのか、何を考えているかわからないので怖い、人づきあいが嫌だ、自分のやりたいようにやりたい、ほっておいてほしい、人あたりして心が疲れる、パーソナルの領域に入らないでほしい、アプローチされること自体嫌である、自分の世界に入ってほしくない、傷つけられたくない、人との対立・争いが嫌い、うっとうしいのは嫌だ・煩わしい、文句を言われたくない、気兼ねする、摩擦を避けたい、我慢すれば争いが避けられると考えて我慢してしまう、争いを避けるために勝負から降りる、自分の思い通りにしたいけどそうならない場合が多い、我が強い、コミュニケーションがうまくいかない、言いたいことが言えない、対人恐怖症、人見知り、内弁慶、人に合わせてしまう、まわりに押し切られてしまう。

あせる・あわてる・パニックになる

気持ちがあせる、あわてる、すぐパニックになる、せっかち、取り越し苦労、物覚えがわるい、記憶力がわるい、呑み込みがわるい、1回で覚えられない、書かないと忘れてしまう、文章の内容が1回で頭に入らない、頭の中が取っ散らかる、真っ白になる、タイムトライアルに弱くパニックになる、慌てる、焦る、一度にたくさんのことができない、同時並行処理ができない、やることが多いとパニックになる、人のペースでやりたくない、自分が納得しながら自分のペースでやりたい、1つひとつ片を着けたい、自分のダンドリでいきたい、マイペース、とっ散らかる、人のペースは嫌だ、自分の中でわかるまで、できるまで反復練習したい、じっくりやりたい、納得したい。

不安・心配性

心配性、不安症、明日のことが心配で眠れない、不安なことが夢に繰り返し出てくる、性格が細かい、しつこい、くどい、不安で確認ぐせがある、やり直しが多い、ものごとが気になる「これでいい」と思えない、自分が安心、納得するまで心を整理したい。

引っ込み思案・先のばし

臆病・引っ込み思案、一歩前に進めない、石橋をたたいても前に渡れない、完璧主義・踏ん切りがつかない、自分で納得するまで先に進めない、マイペース・のんびり型、やりたいけどやれない、行動できない・行動にうつせない、自分のタイミングで納得して進みたい、安心できる状況になるまで条件が整うまで先に進めない、やらずじまい、先のばし・先送り。

ストレスに弱い

ストレス耐性が弱い、めまい、目が回る、胃にストレスがたまる、やる気・モティベーションが下がる。

かっこわるさと向き合って、なにふりかまわずやってみた、苦しみ、もがいてやってみた。我を忘れてやってみた

私はこれら7つの弱点と闘ってみました。そしてなんとか「マイナス」を「ゼロ」ぐらいにはできたかなぁ、と思っています。「苦手なものは苦手でもいい、でも何かやりようはある」と考え、人との出会い、本や道具との出会い、学び、心のふれあい、何かきっかけとなるできごとをバネにしました。その中でやってみたことは次のようなことでした。

①心持ち、気持ち、ものの見方・感じ方・とらえ方を変えてみる。
②人や本から学ぶ・教わる。自分で考えながらやってみる。
③時間を味方につける。道具・ツール・本・手帳などを味方につける。

また「かっこわるさは直らない。プラマイゼロでもなんとかなるさ！」と半ば開き直り、それならば、「知恵と技術と少しの勇気で乗り切ろう！」ということで、「アンチョコ、トリセツ、知恵袋、裏ワザ、口コミ、神頼み、どれでもいいから端から試す、溺れる者は藁をもつかむ、うまくいったらそれでいい。自分のトリセツ、人生のトリセツ」という意味不明なキャッチフレーズを掲げて、「具体的な対処を知恵に変え、書き留めておく」という作業をひたすら続けました。

がんばってはみましたが、本質的には弱点は直るものではないということがわかり、少しずつ書き留めておいて、それを見ながらその都度対処するようにしました。人から教わったこと、自分で気づいたこと、一生懸命考えたこと、1つひとつメモして5000語以上、考え方やノウハウを分野ごとにわかりやすくノートにし、それを小冊子にして30冊以上、それらをまとめて本にもできました。

これによって、千手観音との百人組手に勝ったわけではありませんが、何とか互角に組手ができるようになってきたような気がしてきました。

8　自分のライフスタイルを楽しむ（生き方）

新しいライフスタイル「テマヒマかけずにエンジョイライフ」のすすめ

「テマヒマかけずにエンジョイライフ」は私の人生を楽しむためのライフスタイルで、高校生のときにつくった自分の世界のキャッチフレーズです。それを心の支えにしてこれまでずっとがんばってきました。

私は自分で自分のことを「自由人」と名乗っています。

それは、「自分の心と正面から向き合い」、「自分の頭で考え」、「自分の足で立ち」、「自分の信念にもとづいて行動し」、「自分の責任において生きる」、そういう自分になりたいと思っているからです。

そんな私は、高校生のときに自分の生き方やライフスタイルに「テマヒマかけずにエンジョイライフ」とタイトルをつけてみました。子どもの頃からあれこれやっていた私は、1つひとつのことをテマヒマかけずにやり、楽しみたいと思ったからです。決して、手を抜いたり、サボったり、いい加減にやったり、ということではありません。

今しかできないこと、この環境でしかできないこと、自分にしかできないことを今現在ありのままの自分が、自分のことに積極的にかかわり、「うれしい！」「楽しい！」「ハッピー！」と感じられるようになりたいと思ったからです。

そして、人とのふれあいの中でうれしさを感じる、何かをしていて楽しく感じる、日々の生活や人生で幸せを感じることができて、まわりの人たちやおかれている環境、生まれてきたことに「ありがとう」と感謝することができるようになりたいと思いました。

今もそのときの気持ちを大切にして生きています。

9　ライフワークを持つ（やること・やりたいこと）

ライフワークを持つ

そんな自分自身をホームページに投影してみたのが、「自由人　岩下敦哉の A-town テマヒマかけずにエンジョイライフ」です。そこには、未完成ですが、さまざまな自分が生きています。というよりもむしろ、これから現実の世界の私自身と一緒にどんどん成長、発展していくのです。よろしければ一度お立ち寄りください。

その後「自分がはじめた小さな世界、小さな世界から始めよう！」ということで、世界観、生き方、ライフスタイルを通じて、家族、友人などまわりへの貢献も考えるようになりました。

最初は友人や後輩に日々のことや困りごとの解決策などをアドバイスすることから始まり、そのうち集まり、講演、ワークブック、小冊子、著書、論文、パンフレットやがてホームページ、ブログ、フェイスブック、ツイッター、メーリングリスト、掲示板、メルマガ配信などに発展し、とにかくいろいろと思うがままにやってみました。

もともとは自分のために始めたことですが、今はまわりの友人のために、未来では子どもたちのために何かを残したいと考えて、サイバースペースと本を中心に、完全ではない、正しいとも限らない、でも、自分が楽しく楽になるように、そして、家族や友人の役に立ちたい、同じ想いの人、不器用でかっこわるい人の心に寄りそって力になりたい、人生の恩返し、生き甲斐、生きた証として…。

人生七訓

そのような中で、あるときエッセンスを人生七訓として図表5にまとめてみました。

〔図表5　人生七訓〕

(1)　テマヒマかけずにエンジョイライフ
「人生は楽しむためにある。おなじ楽しむならテマヒマかけずにいこう」

(2)　うれしい！　楽しい！　ハッピー！　そして、ありがとう
「人とのふれあいの中でうれしさを感じる、何かをしていて楽しく感じる、日々の生活や人生で幸せを感じることができるようになろう。そして、まわりの人たちやおかれた環境、生まれてきたことに「ありがとう」と素直に感謝できるようになろう。それが最高に素敵な人生」

(3)　時間は命である。使うなら大切な人のために
「何のために生きるかを真剣に考えること、今の一時間も死ぬ直前の一時間も同じである。無駄にしてはいけない。使うなら、大切な人や大切なことのために使おう」

(4)　泥舟でも向こう岸までたどり着けばいい
「結果を出すための道すじはどうでもいい。こだわりすぎて結果を出せないことを恐れよう。完璧な結果などいらない。そこそこでいい。結果を出した者のみがプロセスを評価される。まずは結果を出すことのみに集中しよう。」

(5)　「昼あんどん」でいい、やるときにやればいい
「いつも臨戦態勢でなくていい。やるときにやればいい。ただし、周到な準備、訓練、鋭敏な感覚、動くタイミング、動きのシミュレーションなどを忘れないようにしよう」

(6)　「今、ここ、自分」かっこわるくていいじゃない
「過去や未来は自由にならない。自由になる時間は今しかない。今現在おかれている状況や環境、場所や境遇をあるがまま受け入れ、その中で人生の主人公として、時間の主として、主体的に取り組もう。今の自分ができることを「自分ごと」として精一杯取り組もう。

そして自分で自分自身を認めてやろう。かっこわるくてもいいじゃない、それが自分、それでいい。ほかに誰が認めてやるんだ。等身大の自分を大切にしよう」

(7)　思いついたら、石橋をたたきながら渡り切る
「好奇心には賞味期限がある。やりたいこと、学びたいことがあったら、すぐに行動しよう。人生の中に迷っている時間、悩んでいる時間はない。ただし、やみくもに霧の中を走ってはいけない。足もとや行く先をしっかりと見据え、慎重かつスピード感をもって進んでいこう。そしてかならず向こう岸まで渡り切ろう。そのための準備は周到にしよう」

10　ピンチのときに元気をくれる言葉

ピンチのときに元気をくれる言葉

コロナ禍でたいへんな時期に、自分よりもっとつらい状況にある友人たちを励ますメッセージとしてフェイスブックやツイッター、インスタグラム、ブログなどで毎日発信し続けた言葉です。

あらためて自分も考えさせられる言葉だと思いました。これらも人生のメモであるエンジョイハックスを綴った「秘伝言書」や「心想伝書」にある言葉です。

本書のしめくくりとして、これらの言葉をあなたに贈ります。よかったら、つらいとき、ピンチのときに声に出して読んでみてください。きっと元気になります。私もそうしています。

エンジョイライフ！

〔図表6　ピンチのときに元気をくれる言葉〕

(1)負けたら終わり」ではなく「やめたら終わり」である。

(2)ピンチのときは「もう少し」「あと少し」と思って前に進む。

(3)人間最大の弱点は「あきらめる」こと。

(4)鳥や飛行機が「向かい風がないと飛べない」ように人間も「逆境がないと大きくはばたけない」。

(5)どうにもならないこと」は流れに身を任せる。

(6)「最悪」なんて状況は、人生においてそうめったに起こらない。

(7)花は「誰かのために」ではなく、「ただそこに」咲いている。

(8)「青い鳥」も「七色の花」も自分の家の庭で見つかる。

(9)「底をうったとき」がチャンス、あとは上昇していくのみである。

(10) 心を静めて淡々と手を進めると自然とうまく流れる。
(11) 二度と来ない「今日」という日を大切に過ごす。
(12) 今日種を蒔かないと明日花は咲かない。
(13) 「今」が「未来の入り口」である。
(14) 生まれてきたのは意味がある。そして必ず何らかの役割がある。
(15) 「今日」は「これからの人生の初日」である。
(16) 苦しい上り坂があるからこそ、頂上の景色がより美しく見える。
(17) 今そこにある、手に取れる幸せを大切にする。
(18) 「底なしの泥沼」にはまったら、心を落ち着けてゆったり静かに構えると、やがて足が底につく。
(19) 人生いつも「千手観音と百人組手」。
(20) 「できない理由」を並べずに「できる方法」を見つける。
(21) 今やらなければ１年後に「１年前にやればよかった」と後悔する。
(22) 人生は「だいたい」「ほどほど」「このぐらい」…。
(23) 今日が「善き日」かどうかは自分の心次第である。
(24) たまに歩みを止めると、見えなかったものが見えてくる。
(25) 持ち駒はいつも潤沢にあるとは限らない。足りない中でどう動くか。
(26) 清流でも泥水でも魚は育つ。魚は決して自分の環境を言い訳にはしない。
(27) 「朝の清々しさ」は「夜の闇」を乗り越えた先にある。
(28) 気の遠くなるような長い道路も、１歩１歩造った人がいる。
(29) 「どうせ」のかわりに「もしかしたら」で前向きに。
(30) 疲れたときは立ち止まる。追い越す人も、そんなに遠くには行けない。
(31) 人生は「家族」で始まり「家族」で終わる。
(32) １人では何もできない、誰かが始めないと始まらない。自分が始めるかどうか。

(33)「友人のために何かしてあげたい」と思ったら、「何があっても友だちでいてあげること」である。

(34)「流れる雲」、「水の流れ」、「そよ風」に癒される。

(35)自然の中で心を空っぽにしてみると、自然に心が軽くなってくる。

(36)「もう終わりだ」と思うか「さあ、始まりだ」と思うか。

(37)「ありがとう」の言葉は、言われたほうはとてもうれしいものである。

(38)「ないものねだり」をするのではなく、「手もとにあるもの」で楽しむ。

(39)涙は「小さな海」である。

(40)「手」を抜き、「気」を抜き、「息」を抜く。

(41)四季の遷り変わりに喜びを感じよう。

(42)老木は「ただひたむきに生きた」ということが美しい。ただそれだけでいい。

(43)「明日への扉」は自分で開ける。決して「自動ドア」ではない。

(44)生きているから苦しい、生きているから楽しい。

(45)晴れたら「晴れが好き」、雨の日は「雨が好き」。そうなりたい。

(46)人は「失うもの」は何もない。手ぶらでこの世に来て、手ぶらであの世に帰るんだから。

(47)「よい言葉」と「よい笑顔」は幸せをよぶ。

(48)「ものを考える時間」は多いほうがよいが、「悩む時間」は少ないほうがよい。

(49)雨は自分１人にだけ降るのではなく、みんなに降る。

(50)「運の悪い人」には「それ以上の悪運」はおとずれない。

(51)人生「できること」に集中する。「できないこと」を悔やんでも意味がない。

(52)「今そこにある景色」の中に「美しさ」を見つけ出す。

(53)「生まれてきてよかった」と思えるように生きよう。

(54)「この上り坂の向こう側には、きっといいことがある」、そう信じて生きる。
(55) 覚悟は「未来の扉への鍵」である。
(56)「未来がある」それだけで幸せである。
(57) 7)「できる」と思えばできる。「できない」と思えばできない。
(58) 勝つまで続ければ、必ず勝てる。
(59)「つらい経験」は決して無駄にはならない。
(60) 人は行動しているときに悩めない。立ち止まるから悩むのである。
(61) 雨の日は歩みを止めて自分自身のことを振り返る時間を持ってみる。
(62)「忙中の閑」を楽しめたら時間の達人である。
(63) つらいときには「つらい」と口に出して言ってみる。
(64) もがけば沈む、力を抜けば自然と浮く。
(65)「悩みすぎない」「こだわりすぎない」「考えすぎない」こと。
(66) ひまわりは太陽のほうを向くのを忘れない。
(67)「痛いとき」は痛みが和らぐのをじっと待つ。
(68) 今、自分の心の中にどんな風が吹いているか感じてみよう!
(69)「心配」を「行動」で追い越そう。
(70)「待ち時間」は神さまがくれた最高の「シンキングタイム」である。
(71) 水は流れにまかせて岩を上手に避けて流れる。
(72) 物事を前向きに考えると時間の流れも前向きになる。
(73) この世に生まれてきたことを両親に感謝!
(74) 時には「その日暮らし」に身をまかせるのも良い。
(75)「いつもと変わらない」「あたりまえ」の「日常」に感謝!
(76) 空に浮かぶ雲を自分だと思って見てみよう。
(77) 時には近所のネコを見倣って「ゆるーく」生きてみよう。

(78)ものごとには「流れ」がある。それに逆らわず流れにまかせる。

(79)最悪の事態にならなかったことはそれだけでラッキーなことである。

(80)不安には実体がない。だから不安。

(81)ひまわりはいつも太陽のほうを向いている。

(82)吹いている風向きに合わせて舵を取る。

(83)「普段どおり」であることは、何よりの幸せである。

(84)「心の虫めがね」で「小さな幸せ」を見つけよう。

(85)どんな人にもかならず人生のストーリーがある。

(86)「最悪」なんてものは、一生のうち何度も会うことはない。

(87「お先真っ暗」と言っているうちは、まだ足もとは明るい。

(88)目的地まで、「すべて青信号である」可能性は少ない。

(89)いつも笑顔でいると、不思議といいことが起こる。

(90)まだ起こってもいないこと」で悩まない。

(91)「普通の人生」でいい、むしろ「普通の人生」がいい。

(92)人生は楽しむためにある。

(93)時には種や球根を見ならって休んでみる。

(94)朝、鳥のさえずりを楽しむ。

(95)手を尽くしたのなら、あとは流れにまかせよう。

(96)自分がしゃべっていると人の話が聴こえない、しゃべるのをやめれば自然と聴こえてくる。

(97)同じ道を歩いても「行き」と「帰り」とでは見える景色が全く違う、そして気分も違う。

(98)朝に楽しみを残しておけば自然と「早起き」することができる。

(99)人との出会いは「どこでもドア」、自分を新しい世界に導いてくれる。

(100)毎日がタイムマシンだと思って大切に時を旅しよう。

あとがき

はじめまして、岩下敦哉です。本書をお読みいただきありがとうございました。

私は本を書くときにはいつも「未来の自分へ」「将来の子どもたちへ」「親しい友人へ」タイムマシンに乗せたメッセージとして原稿を綴っています。

それは、「未来の自分はきっといきづまっているかもしれない」「将来子どもたちが大きくなったとき、直接アドバイスできないかもしれない」「今すぐに会えない親しい友人が困っていて、助けてあげられるかもしれない」と思うからです。

イメージとしては、ドラえもんやバックトゥザフューチャーの科学者ドクのように、「困ったときには時空を超えていつもそばにいて手をさしのべてくれる親友」のような存在になりたいと思っています。

私にとって本は、自分の経験を文字に残すことによって、時間や空間を超えて相手に話しかけることができるツールなのです。ですから、少し大げさですが、自分自身の心や魂を1文字1文字本に綴っているのです。

本書はその中でも、自分の弱点を克服しようとして本当にがんばったことを「隠さず、飾らず、素直に」書いています。最終的に弱点を克服できたか、と言われたら何とも答えられませんが…。

でも本書は半世紀にわたり、もがいて、苦しんで、がんばってやってきたことを伝えられたらいいな、と思って書きましたのでぜひ参考にしてみてください。

私は「毎日が千手観音と百人組手をしているような人生」だと感じています。もともと心配性で引っ込み思案の私は、逆に好奇心や自己顕示欲はとても強く、興味のあるものにはあれこれ何でも手を出してしまうので、それらの対処に追われ、まさに「千手観音と百人組手をしている」状態でこれまでずっと生きてきました。

それを解決に近づけるのが本書でテーマにした「ヒト、モノ、コト、学び、心、時間、人生」でした。もともと「1つひとつの悩みや困りごとを解決するときのメモ」をつくっていたのですが、分類したりまとめたりしてみると、意外と共通点や方向性などがありました。

これまで小冊子やビジネス書にまとめたり、SNSやブログ、ホームページに載せたりしていましたが、今回はあらためてその中から「ホンネ」の部分を抽出してみなさんにお伝えしました。ですから、若干行き過ぎた表現や発想もありますがご容赦ください。そのぶん「ホンネ」で書いていますので、役立つことも多いと思います。

最後に、私の今までの人生で気づいたこと、わかってきたことは、次のようなことです。

(1) 時間は命と同じである、だから大切にする。自分の時間は生きている間しかない。だから今を大切にしよう。限られた命だからこそ一瞬一瞬を大切に生きられる。永遠の命があったら人はきっと何もしなくなる。

(2) ライフワークとは「生まれ変わってもやりたいこと」「生きがいを感じること」である。学び、音楽、お絵描きなど好きなこと、喜びを感じることを続けたい。

(3) 幸せは「なる」ものではなく「感じる」もの。青い鳥は自分の庭にいる。そして七色の花は自分の家の裏庭に咲いている。身近なところにいつでもある。「幸せになりたい」と思っても幸せにはなれない。誰かにしてもらうものでもない。なぜなら「ああ幸せだなぁ」と心で感じるものだから。

(4) 「身体の健康」、「心の元気」は「命よりも大切なもの」かもしれない。なぜなら、命があっても身体の健康、心の元気がないと人生をエンジョイできないから。

(5) 人生は家族で始まり家族で終わる。そして幸せは家族の中にある。「この時」「この場所」「この家」で出会えた偶然を大切にしよう。奇跡的に出会い、人生を共にしている家族、その縁や絆を大切にしよう。

(6) 人生は一度きりしかない、リセットボタンはない。やり直しがきかないからこそ真剣に生きられる。そしていつでも自分が主役、「我がまま、あるがまま」に生きる。「ヒト、モノ、コト」などに振り回されたくない。

(7) 自分の未来は知らないほうがいい、わからないからがんばれる。もし自分の未来がわかってしまったら、よければ努力しなくなり、悪ければやる気がなくなる。決まっていないからがんばって切り拓こうとするのである。

このことをお伝えして本書を閉じたいと思います。エンジョイライフ！

岩下　敦哉

著者略歴

岩下　敦哉（いわした　あつや）

1968年生まれ。東京育ち。都立富士高校、早稲田大学で学ぶ。早稲田大学大学院修了。専門は、心理学・行動学・ノンバーバルコミュニケーション、人間工学、安全管理医学、ヒューマンエラー。バイオリン、クラリネット、フルート、ギター、ウインドシンセサイザーなどを演奏し、HERCULES、ARCADIA、富士音楽研究会などの音楽団体を主宰。一眼レフカメラや8ミリシネマ、ビデオカメラ、絵画、読書、映画鑑賞が趣味。家では息子と娘、2児のパパを楽しんでいる。もちろん愛妻家。「自由人」、そして「エンジョイライフコンサルタント」、「時間塾」を主宰。大学アドミニストレーター（大学行政管理・経営・運営の専門家)。「テマヒマかけずにエンジョイライフ」という新しいライフスタイルを提案し、ホームページやSNSで日々「エンジョイハックス」（楽しく生きるための知恵袋）などを発信している。

日本心理学会、日本人間工学会、宇宙航空環境医学会、日本教育社会学会、大学行政管理学会、日本社会心理学会、日本高等教育学会、日本時間学会などに所属。

著書に『人生が爽やかに変わる時間術』（ぱる出版）、『親子で一緒に大学選び』（デザインエッグ社）、『秘伝言書　enjoyhacks5000 ー未来の自分へ、親しい友へ、そして愛しい子どもたちへー』（デザインエッグ社）、小説・絵本に『もぐたん』 ー絵のない絵本ー、『時にさからう少年』ーひまわりの想い出ー、『乃愛、17歳・・・。』ー AI ー NOA の覚醒ー、『今を生きろ！この瞬間を自分らしく精一杯生きろ！』(いずれも、デザインエッグ社刊)がある。

ホームページ　http://www.atsuya-iwashita.jp/
Twitter　https://twitter.com/atsuyaxiwashita
ブログ　https://ameblo.jp/ai-enjoylife/
フェイスブック　https://www.facebook.com/atsuya.iwashita

人生を豊かに生きるための7つのトリセツ

2021年4月20日　初版発行

著　者　岩下　敦哉　© Atsuya Iwashita

発行人　森　　忠順

発行所　株式会社 セルバ出版
〒113-0034
東京都文京区湯島1丁目12番6号 高関ビル5B
☎ 03（5812）1178　FAX 03（5812）1188
https://seluba.co.jp/

発　売　株式会社 三省堂書店／創英社
〒101-0051
東京都千代田区神田神保町1丁目1番地
☎ 03（3291）2295　FAX 03（3292）7687

印刷・製本　株式会社 丸井工文社

●乱丁・落丁の場合はお取り替えいたします。著作権法により無断転載、複製は禁止されています。
●本書の内容に関する質問はFAXでお願いします。

Printed in JAPAN
ISBN978-4-86367-651-0